中华人民共和国交通运输部

公路网运行监测与服务暂行技术要求

交通运输部2012年第3号公告

主编单位:交通运输部公路科学研究院
批准部门:中华人民共和国交通运输部
实施日期:2012年01月11日

人民交通出版社

图书在版编目(CIP)数据

公路网运行监测与服务暂行技术要求 / 交通运输部公路科学研究院主编. -- 北京 : 人民交通出版社,2012.3

ISBN 978-7-114-09665-5

Ⅰ.①公… Ⅱ.①交… Ⅲ.①公路网－交通运输管理 Ⅳ.①U491.1

中国版本图书馆 CIP 数据核字(2012)第 032685 号

中华人民共和国交通运输部

Gongluwang Yunxing Jiance yu Fuwu Zanxing Jishu Yaoqiu

公路网运行监测与服务暂行技术要求

交通运输部公路科学研究院　主编

*

人民交通出版社出版发行

（100011　北京市朝阳区安定门外外馆斜街 3 号）

各地新华书店经销

北京市密东印刷有限公司印刷

开本：880×1230　1/16　印张：8.5　字数：187 千

2012 年 3 月　第 1 版

2013 年 5 月　第 2 次印刷

定价：45.00 元

ISBN 978-7-114-09665-5

中华人民共和国交通运输部
公　　告

2012 年第 3 号

关于公布《高速公路监控技术要求》《高速公路通信技术要求》和《公路网运行监测与服务暂行技术要求》的公告

为提高高速公路监控、通信等现代信息技术水平，规范高速公路监控和通信系统规划、设计、建设和运营管理，提升高速公路管理和服务水平，进一步指导和规范公路网运行监测与服务系统建设，保障全国高速公路和国省干线公路的稳定运行，提高公路交通突发事件应急处置能力和公共服务水平，根据《中华人民共和国公路法》、《公路安全保护条例》、《公路交通突发事件应急预案》、《全国公路网管理与应急处置平台建设指导意见》等法律法规及有关规定，我部组织制定了《高速公路监控技术要求》、《高速公路通信技术要求》和《公路网运行监测与服务暂行技术要求》，现予公布，自公布之日起施行。

以上三个技术要求的管理权和解释权归交通运输部，日常解释和管理工作由主编单位交通运输部公路科学研究院负责。请各有关单位在实践中注意总结经验，及时将发现的问题和修改意见函告交通运输部公路科学研究院（地址：北京市海淀区西土城路 8 号，邮政编码：100088），以便修订时参考。

中华人民共和国交通运输部

二〇一二年一月十一日

主题词：监控　通信　监测　服务　公告

交通运输部办公厅　　　　2012 年 1 月 12 日印发

目 录

第一部分　总体要求

第一章　总　　则

第一条　为指导和规范公路网运行监测与服务系统的建设、运行和管理工作，保障全国高速公路和国省干线公路的稳定运行，提高公路突发事件应急处置能力与公共服务水平，根据《中华人民共和国公路法》、《公路安全保护条例》、《公路交通突发事件应急预案》、《全国公路网管理与应急处置平台建设指导意见》等法律法规及有关规定，制定本技术要求。

第二条　公路网运行监测与服务系统主要包括部级公路网运行监测与服务平台（以下简称部级路网平台）、省级公路网运行监测与服务平台（以下简称省级路网平台）、国家级和省级路网监测点外场设施及相关支撑系统。

公路网运行监测与服务系统的主要应用范围为全国高速公路和国省干线公路组成的全国干线公路网。

第三条　本技术要求适用于部、省两级路网平台，国家级和省级路网监测点外场设施及相关支撑系统的建设、运行和管理工作。

地市级路网平台、其他路网监测点外场设施及相关支撑系统的建设、运行和管理工作可参照本技术要求执行。

第四条　交通运输部负责部级路网平台及相关支撑系统的建设、运行和管理工作，指导和规范省级路网平台、国家级路网监测点外场设施及相关支撑系统的建设、运行和管理工作；具体实施工作由其设立的路网监测与应急处置中心（以下简称部路网中心）负责。

第五条　省级人民政府交通运输主管部门或公路管理机构负责省级路网平台、省级路网监测点外场设施及相关支撑系统的建设、运行和管理工作；具体实施工作由其设立的路网监测与应急处置中心（以下简称省级路网中心）负责。

第六条　部、省级路网中心应建立健全工作制度，明确值班接警、信息处理、路网监测、调度指挥、预测预警、应急处置、出行服务等不同岗位的工作职责，配备相应的工作人员，确保公路网运行监测与服务工作有序开展。

第七条　交通运输主管部门、公路管理机构应在本级人民政府的领导下，加强与公安、气象、国土、地震、民政、防汛、国防等部门的沟通与协作，建立有效的合作与联动机制，实现信息共享，为公路网运行监测与服务系统的建设、运行和管理提供必要支撑。

第二章　系统规划与建设

第八条　公路网运行监测与服务系统的规划与建设，应当遵循统筹规划、总体设计、分步实施、逐步完善的原则。

第九条　部级路网平台、国家级路网监测点外场设施及相关支撑系统的总体规划由部路网中心负责组织编制，并报交通运输部批准后实施。

省级路网平台、省级路网监测点外场设施及相关支撑系统的总体规划由省级路网中心负责组织编制，并报省级人民政府交通运输主管部门批准后实施；省级路网平台的总体设计由省级路网中心负责组织编写，并报部路网中心备案后组织建设。

第十条　公路网运行监测与服务系统的建设应遵守下列要求：

（一）符合本技术要求规定的功能要求与技术指标；

（二）统筹考虑与养护管理、路政管理、收费管理、治超管理、机电系统管理、交通情况调查等系统的集成应用与数据管理，充分利用公路现有联网监控、联网收费和通信系统资源，补充必要的公路网运行监测手段和传输通道；

（三）与公路网建设和信息化发展程度相适应，分阶段建设路网监测点外场设施，实现省级路网平台与部级路网平台的联网，并逐步扩大覆盖范围，丰富数据监测内容；

（四）按照公路网运行日常监测与突发事件应急处置业务相结合、公路网运行管理与公众出行服务相结合的原则，构建集公路网运行日常监测与协调管理、突发事件预测预警与应急处置及综合出行信息服务为一体的公路网运行综合管理平台；

（五）遵守现行国家、交通运输行业相关技术标准。

第十一条　新建高速公路应按照本技术要求布设路网监测点外场设施，实现信息的安全传输与存储；已建成高速公路应按照本技术要求完善路网监测点布局与外场设施；国省干线公路应结合路网改造与养护工程，按照本技术要求规范监测点布局与外场设施。

第十二条　国家级路网监测点外场设施与省级路网平台之间，省级路网平台与部级路网平台之间进行入网或并网的，应接受有资质的检测部门对其系统功能、设施指标与安全性能进行检测。

第三章　系统运行与管理

第十三条　部、省级路网中心应加强公路网运行监测与服务系统的运行管理、维护管理、数据管理和安全管理，建立系统运行的规章制度，保障部、省两级路网平台正常运行与互联互通，指导和督促有关单位加强路网监测点外场设施及相关支撑系统的运维管理，使其处于良好的技术状况。

公路网运行监测与服务系统应根据公路网运行管理的需要，及时补充和更新设施，完善系统功能，提升系统性能，满足公路网运行监测与服务的各项要求。

第十四条 公路网运行监测与服务系统采用行业统一的密钥安全认证服务体系对数据交互进行保护，确保交互数据的真实性和抗抵赖性。

部级路网平台按照国家信息系统安全等级保护相关标准和规范建立安全保护体系，省级路网平台参照国家信息系统安全等级保护相关标准和规范建立安全保护体系。

第十五条 公路网运行监测与服务系统的传输网络应当充分利用行业内外各类通信传输资源，按照“公专结合”的方式进行组网和联网。

第十六条 部、省两级路网中心应按照交通运输部和省级人民政府交通运输主管部门的有关规定，负责公路网运行监测数据与服务信息的管理和发布工作。未经授权，其他机构不得擅自发布。

第四章 信息监测与发布

第十七条 公路网运行监测与服务信息主要包括公路基础信息、公路应急资源信息、公路网运行信息、公路出行信息等。

第十八条 公路基础信息、公路应急资源信息的获取与管理应按照交通运输部有关规定执行，并作为重要基础信息纳入公路网运行监测与服务系统应用和管理范畴。

第十九条 本技术要求所称公路网运行信息，是指以文字、语音、图像、数字等形式反映出来，通过网络传输与系统处理的各种表明公路网运行状态内容的总称。公路网运行信息主要包括：

（一）交通运行数据：主要包括通过公路主线及节点（含收费站）的断面车辆数和车辆速度（含行驶方向）；

（二）视频图像数据：主要包括公路主线及节点的视频图像数据；

（三）公路交通突发（阻断）事件信息：主要包括达到《公路交通突发事件应急预案》、《交通运输突发事件信息报告和处理办法》、《交通运输部公路交通阻断信息报送制度》中报送要求的信息；

（四）重要基础设施运行数据：主要包括桥梁、隧道、互通立交等重要公路基础设施运行的监测数据；

（五）路网环境信息：主要包括公路主线及节点的气象环境数据，以及与气象、国土等部门共享交换的各类公路环境信息。

第二十条 公路网交通运行数据、重要基础设施运行数据和气象环境数据主要通过路网监测点的各类感知设备及传感器系统自动采集，采用网络传输方式自动实时或定时传输。其中,国家级路网监测点自动采集的数据,应通过省级路网平台同步传输至部级路网平台,不得通过未授权的数据传输链路等第三方平台或网络进行传输。

第二十一条 公路交通突发(阻断)事件信息主要通过人工采集,利用系统或电话、传真、邮件等方式向部、省两级路网平台报送,具体报送时限和要求按照《交通运输突发事件信息报告和处理办法》、《交通运输部公路交通阻断信息报送制度》等规定执行。

第二十二条 公路出行信息主要包括对公众出行具有参考作用的路径规划、实时路况、占路施工、公路气象、事件预报预警、交通诱导等服务信息。

第二十三条 部、省级路网中心应充分利用公路沿线信息发布设施、出行服务网站、交通服务热线、广播、电视、车载终端以及移动终端等多种手段,开展公路出行信息发布工作,信息内容应满足社会公众对公路交通“出行前”和“出行中”不同阶段的需求。

部、省两级路网中心应建立健全公路出行信息服务制度,制定公路出行信息服务标准,以及信息审批、发布等相关管理规定和奖惩制度,并设立公开电话,接受公众对公路出行信息服务的咨询和投诉。

第二十四条 省级人民政府交通运输主管部门、公路管理机构应在部门网站开设公路出行信息服务专栏,并与交通运输部建设的“中国公路信息服务网”实现信息共享。

第二十五条 部、省级路网中心应实行24小时值班制度,建立信息监测员与发布员制度,充分利用系统资源和人工手段,及时、准确、全面地报送和发布公路网运行监测与服务信息,并积极探索与实践形式多样的信息发布方式和服务内容。

第五章 路网协调管理

第二十六条 部、省级路网中心应按照职责和管辖范围负责公路网运行的日常监测与协调管理,对监测获取的公路网运行信息进行处理与分析,汇总形成公路网运行状态与服务指标,下达或执行协调指令信息。

第二十七条 公路网运行协调管理的主要内容包括:

(一)协调统一实施国家级和省级路网监测点的布设与信息监测管理;

(二)统一实施公路网运行参数与指标管理,定期发布公路网运行状态监测与服务指标;

(三)按照职责开展公路网运行日常协调管理,报送或下达协调指令信息,做好协调指令落实工作;

(四)指令协调相关路段利用车道告示牌、可变情报板、出行服务网站、自备广播等系统设施采取同步信息告示;

(五)开展公路网通信传输通道和运行信息共享的协调管理;

(六)根据上级管理部门的指示,实施日常协调的其他指令。

第六章　路网应急处置

第二十八条　部、省级路网中心应利用公路网运行信息，开展公路网运行态势评估、突发事件预测预警等工作，科学制定灾害性天气、地质灾害等公路网运行预报预警内容和级别，并提供全国干线公路网运行趋势预报和特定区域公路网运行中短期预测预警服务。

第二十九条　部、省级路网中心应围绕应急预案开展公路突发事件应急处置工作，开展公路网运行统筹调度、公路交通组织和疏导、应急抢修保通等事项的组织与协调工作，具备重特大公路突发事件信息获取和汇总、预案组织管理、抢通方案制订、路网调度指挥、应急资源调配等应急处置功能，科学开展封闭（开启）公路路段、收费站的决策支持工作，必要时按照指令对公路网实施调度指挥的具体执行工作，配合有关部门对局部拥堵路段进行交通分流和疏导，保障全国干线公路网运行畅通。

第三十条　部、省级路网中心应根据应急预案和流程，实现公路突发事件信息的报送接收、分析处理、综合显示、分发下达等功能；实现应急队伍、物资装备等应急资源的辅助调度和部署；实现应急处置指令跟踪、执行反馈、过程监督和效果评估等功能；实现对应急管理机构、应急队伍、物资设备、通信保障等人力、物力、财力资源的信息管理，包括资源监控（应急资源跟踪反馈、应急资源分布、应急资源状态等）以及物资储备、配置调度和编码管理等功能。

第七章　附　　则

第三十一条　公路网运行监测与服务系统的土建附属设施设计和施工应符合国家及交通运输行业标准的要求。

第三十二条　本技术要求自发布之日起施行。

第二部分　暂行技术要求

1　总体框架与功能要求

1.1　一般规定

1.1.1　系统的应用范围

公路网运行监测与服务系统主要面向全国和省域不同层级的监测范围、数据应用及业务管理需求，开展公路网运行监测与协调、公路交通突发（阻断）事件应急处置、公路出行信息服务等公路网运行管理业务提供数据服务、应用支撑与决策支持。

公路网运行监测与服务系统的主要应用范围为全国高速公路和国省干线公路组成的全国干线公路网。

公路网运行监测与服务系统可以为各级公路管理部门开展公路养护管理、路政执法、运营管理、干线公路网改造等相关业务提供数据和辅助支持。此外，系统还可作为各级交通运输主管部门、公路管理机构与各级人民政府及气象、国土、地震、民政、防汛、国防等相关部门的信息共享平台，以及与公安交管部门等进行公路网运行监测信息交换与业务协作的支撑平台。

1.1.2　系统的建设内容

公路网运行监测与服务系统的建设内容主要包括：

1　部级公路网运行监测与服务平台；

2　省级公路网运行监测与服务平台；

3　路网监测点外场设施，主要包括国家级路网监测点（Ⅰ级监测点）、省级路网监测点（Ⅱ级监测点）；

4　相关支撑系统。

1.1.3　系统的建设要求

公路网运行监测与服务系统的设计，须符合顶层设计思想和核心功能要求，采取适度超前的方针，坚持公路网运行监测与应急处置工作相结合、行业管理与公众服务相结合的思路，构建"平战一体"的公路网综合运行管理平台，并按照上下一致的数据报文消息标准和控制链路运行的通信协议形成一体化的公路网运行监测与服务数据链及应用系统。

公路网运行监测与服务系统的建设，须符合本技术要求所规定的各项功能、参数和设施指标，按照国家规定的工程基本建设程序，满足有关国家、行业现行技术标准，充分结合各省（自治区、直辖市）实际情况和现有条件，遵循满足应用、成本合理、性能稳定、分级管理、互联互通、维护方便、协作共享的原则进行实施。

公路网运行监测与服务系统的建设，应充分利用现有公路通信、监控、收费等机电系统资源和社会信息网络基础设施资源，通过补充必要的信息监测与发布设施，配套建设安全认证及支撑系统，在构建部、省两级公路网运行监测与服务平台的基础上，实现跨部门、跨地区的互联互通与信息共享，开展公路出行信息服务体系建设。

在利用现有公路网运行监测设施、传输通道和各级通信、监控和收费系统资源时，需注意按照本技术要求进行接口规范、软件改进及入网调试等工作，符合本技术要求的设施方可作为公路网运行监测与服务系统的组成。

1.1.4　系统的运维要求

部、省两级路网平台须建立运行维护制度，具备 7 ×24h 的系统保障能力。因非不可抗力导致的一般系统故障，应在 2h 内恢复；重大系统故障应在 12h 之内恢复。

部级路网平台应具备联网运维能力，以及对省级路网平台、国家级路网监测点运行状态的监督功能；省级路网平台应具备对地市级路网平台、省级路网监测点运行状态的监督功能，并接受上级的监督检查与技术指导。

部、省两级路网平台容灾备份系统应参照上述系统运维要求执行。

1.1.5　系统的安全要求

安全及认证体系是公路网运行监测与服务系统的重要组成及建设内容。部、省两级路网平台的系统安全及认证体系须按照相应的保护标准与指标规范建设。

公路网运行监测与服务系统采用行业统一的密钥安全认证服务体系对数据交互进行保护，确保交互数据的真实性和抗抵赖性。

1.1.6　系统的技术保障

公路网运行监测与服务系统建设，应注重利用状态感知技术、信息融合与提取技术、云计算技术、无线通信技术等在系统开发与集成上的应用。同时，按照“充分利用、避免重复、注重实效、不追先进”的方针，对待与现有公路信息化系统的融合，以及系统建设过程中的技术与设备选取工作。

1.1.7　系统的检测要求

部和各省（自治区、直辖市）级路网平台在投入使用前，须接受有资质的检测部门负责对其系统功能、设施指标与安全性能进行检测。检测合格后，方可投入使用。

检测部门要利用先进的检测设备和科学的检测方法，对部、省两级路网平台的功能指标,国家级路网监测点监测设施及其与部、省两级路网平台之间的数据传输加密设施进行功能和安全性能检测,保障公路网运行监测与服务系统的安全、稳定运行,符合入网或并网条件的方可投入运行。

1.2 总体框架

公路网运行监测与服务系统总体框架主要由全国与省域两个层级的业务框架,以及监测层(感知层)、网络层、应用层和公共技术组成的技术框架构成。

1.2.1 业务框架组成

全国层级的业务框架主要由部级路网平台、省级路网平台及国家级路网监测点(Ⅰ级监测点)等三级组成。国家级路网监测点作为重要信息源及基础系统。

省域层级的业务框架需根据各省(自治区、直辖市)应用需求、建设情况的不同阶段或管理模式确定,可由省级路网平台、国省道和高速公路运营管理平台及省级路网监测点(Ⅱ级监测点)等三级,或由省级路网平台、地市级路网平台、国省道和高速公路运营管理平台、省级路网监测点(Ⅱ级监测点)等四级组成。省级路网监测点作为信息源及基础系统。

1.2.2 技术框架组成

1 监测(感知)层,即路网感知层,信息监测与感知主要用于监测部、省两级路网监测点的公路交通运行、突发事件以及路网环境等方面的数据参数,包括车辆数、车辆行驶速度、突发事件信息、基础设施状态、气象地质灾害、视频图像等实时状态数据;

2 网络层,利用传感器网络与移动通信技术、互联网技术、专网技术相融合,实现更加广泛的互联功能,把监测到的数据无障碍、高可靠性、高安全性地进行传输;

3 应用层,即公路网运行监测与服务应用层,主要包含应用支撑系统子层和应用系统子层,其中应用支撑系统子层用于实现支撑跨平台、跨应用、跨系统之间的信息协同、共享、互操作的功能,应用系统子层包括交通运行状态监测、重要基础设施状态监测、预测预警、突发事件应急处置、出行信息服务等应用;

4 公共技术,不属于某个特定层面,而是用于联系监测层(感知层)、网络层和应用层,它包括编码标识与解析、安全技术、网络管理、证书认证和服务质量(QoS)管理等。

1.3 设计要求

系统顶层设计,需重点考虑以下要求:

1 设计、建设与运行并举原则;

2 系统服务功能稳定性,包括系统功能与性能的稳定性;

3 系统技术应用的包容性;

4　系统应用的覆盖范围与普适程度；

5　系统应用的拓展性与个性化应用需求；

6　系统实施的可操作性和低成本。

系统顶层设计的总体思路与架构，应不受具体技术与设备选取的影响，部、省两级路网平台的设计应形成系统功能的最小集、流程的最小集、监测指标的最小集以及监测数据单元的最小集等。

部、省两级路网平台应按照统一的顶层设计要求，确定系统各项核心功能的基本要求，兼顾数据流以及业务应用的扩展性，且在数据存在一定缺失率的条件下，仍能够实现较为可靠的公路网运行监测与服务功能。

1.4　功能构成

公路网运行监测与服务系统功能由信息监测与共享信息获取、信息提取处理与评价分析、系统软件与数据接口、数据传输与网络平台、系统安全及认证体系等功能子系统构成。

1.4.1　信息监测与共享信息获取

信息监测系统主要由路网监测点的监测设施和传输通道组成。信息监测系统的构成以分布式结构为主。

共享信息获取主要由跨部门、跨地区信息交换系统组成。共享信息获取主要通过部、省两级路网平台开展，获取的信息作为基础数据源进行存储与处理。共享信息获取系统结构以集中式结构为主，并预留省际间路网平台信息交换功能。

1.4.2　信息提取处理与评价分析

根据公路网运行状态监测与服务指标的分级与种类，确定信息提取处理与评价分析的系统构成，主要包括初级计算、数据汇总、提取计算、指标生成、评价模型及分析结果等模块。其中：

1　初级计算主要解决数据原始采集后初次加工计算与处理，生成可量化、可融合的计算结果，即原始指标数据；

2　数据汇总主要实现经初级计算后的指标数据的汇总，按照分类、需求的不同分别进行汇总，形成原始指标数据集；

3　提取计算主要针对面向不同公路网运行监测的核心指标，提取原始指标数据集进行深度计算，并综合数据准确度、时效性要求，生成公路网运行监测核心指标的数据结果；

4　指标生成主要实现对经提取计算的核心指标数据结果进行分级、分类处理，形成定义路网（可为全国干线公路网，也可为特定区域或省域干线公路网）范围内的监测与服务指标集；

5　评价模型主要针对提取计算获取的核心指标数据结果和指标等级结果进行评价

处理,按照部、省两级公路网运行监测与服务的需求,形成可量化、可解读的路网运行指标的评价模型;

6 分析结果主要实现利用评价模型与指标生成结果,对路网运行指标进行量化评价,得出定义路网的综合运行指标等级结果。

1.4.3 系统软件与数据接口

公路网运行监测与服务系统软件主要包括数据层、支撑层和应用层软件,主要由路网监测点信息监测处理系统软件、省级路网平台软件、部级路网平台软件、数据共享软件、信息发布软件等共同组成,具体包括系统数据库、操作系统、功能模块、管理软件以及中间件和基础构件。

数据接口主要由接入控制系统、数据传输方式、数据格式等方面组成。数据接口主要面向部、省两级路网平台的数据交互进行定义,省际间路网平台信息共享可参考本技术要求。

接入控制系统作为统一部、省两级路网平台数据(包括业务数据与视频图像数据)传输标准的关键应用支撑软件。

1.4.4 数据传输与网络平台

数据传输包括路网监测点与省级路网平台之间的传输通道与组网要求,以及部、省两级路网平台之间的传输通道与联网(组网)要求。

路网监测点自动采集的数据(包括业务数据与视频数据)应传输至省级路网平台,并经过省级路网平台上传至部级路网平台。

构建公路网运行监测与服务系统网络平台的原则是"公专结合",并建立备用链路。其中,部级路网平台与省级路网平台之间的网络带宽容量应满足系统数据传输要求。

1.4.5 系统安全及认证体系

系统安全及认证体系包括数据流向与信息安全体系框架结构,并对系统物理安全、网络安全、主机安全、应用安全、数据安全及备份恢复提出技术要求。

系统认证体系主要包括国家级路网监测点的证书认证体系和省级路网平台接入部级路网平台的证书认证体系。

1.5 功能要求

1.5.1 数据库及存储功能基本要求

公路网运行监测与服务系统的数据库按照部、省两级体系构建,采用通用的数据存储格式,并具备数据库一般功能。数据库按照分布式数据存储(或云存储)的方式,实现逻辑集中、管理集中的虚拟化数据库的功能要求。数据库的部署应支持远程访问与调取的功能,不受部署空间地点的影响,形成逻辑数据中心。

全国（省级）公路数据库（含空间数据库）是部、省两级路网平台建设的重要基础，是系统基础数据库底层数据的标准规范和主要来源。应按照交通运输部有关公路数据库的管理与更新规定，制定部、省两级路网平台基础数据库底层数据的管理与应用规范。

为确保各级数据安全管理需采取以下措施，确保功能要求：

1　建立健全系统数据库管理安全规章制度，划分适当的安全级别；

2　使用公网传输线路进行数据入库须设置防火墙等安全设备；

3　数据库访问权限的设置应由部、省两级路网平台统一处理，限制网络中的直接访问；

4　部、省两级路网平台数据库应进行异地灾备存储；

5　采取适当的安全机制（证书认证、数字签名等措施）保障数据存储的保密性、完整性和真实性；

6　应采取数据库防病毒措施。

1.5.2　监测点设施及信息监测功能基本要求

国家级、省级路网监测点监测设施选用原则是可靠性高、低成本、维护性强、数据准确度满足基本要求并可大面积应用。按照上述原则，确定监测点设施及信息监测的功能要求如下：

1　交通运行数据监测设施具备自动采集、实时或定时传输功能；

2　事件自动检测设备（视频）具备数据自动采集、实时传输功能；

3　气象环境数据监测设施具备自动采集、实时或定时传输功能；

4　共享气象、地质环境信息具备定时自动传输与更新功能。

1.5.3　平台应用功能要求

平台应用功能主要面向部、省两级路网平台，开展全国干线公路网交通运行监测与协调调度、重特大突发事件预测预警与应急处置、公路出行服务与应急信息发布等业务，以及未来可拓展的其他全国公路网运行管理的信息化服务工作。

公路网日常运行监测与协调调度功能应达到的要求如下：

1　路网监测点自动采集的数据上传至部、省两级路网平台的周期应均小于10min；

2　国家级、省级路网监测点视频图像数据应全部汇集于省级路网平台，并具备供省级路网平台调用的功能；

3　部级路网平台具备选择调用国家级路网监测点视频图像数据的功能，具备按需通过省级路网平台调用省级路网监测点视频图像数据的功能，同时具备最高优先级功能；

4　省级路网平台应具备同时上传至少4路图像至部级路网平台的功能；

5　部级路网平台调取省级路网平台业务数据的系统响应时间应小于10min；

6　部、省两级路网平台具备在2h内生成或更新定义路网范围内公路网运行状态监测与服务指标的系统响应功能；

7　全国干线公路网日常协调与调度指令传输的系统响应时间应小于5min。

重特大突发事件应急处置与指挥应用功能达到的要求如下：

1 部、省两级路网平台应具备灾害性天气与地质灾害预警功能，并根据预警内容、范围和级别，具备提前6h、12h、24h不等的发布或转发预警信息的系统响应功能；

2 部、省两级路网平台需具备实时会商与即时通信功能；

3 重特大突发事件发生后，部、省两级路网平台具备在1h内生成或更新事件影响区域路网范围内公路网运行状态监测与服务指标的系统响应功能；

4 重特大突发事件发生后，部、省两级路网平台具备在1h内生成预案组织、抢通方案、路网调度、应急资源调配等应急处置方案的系统响应功能。

日常公路出行服务与应急信息发布业务应用功能达到的要求如下：

1 部、省两级路网平台具备全国干线公路网的公路出行信息服务功能；

2 部、省两级路网平台具备1h内发布日常公路出行服务信息的系统响应功能；

3 部、省两级路网平台具备1~2h内发布重特大公路交通突发事件信息的系统响应功能。

1.5.4 联网(组网)功能要求

按照传输通道与联网(组网)构成方式，确定联网(组网)的功能要求如下：

1 具备条件的，应采用光纤接入的方式实现部、省两级路网平台之间的传输及联网(组网)；

2 基于公网传输及联网(组网)的省级路网平台带宽出口应不小于20Mbit/s(含视频传输)；

3 基于公网传输及联网(组网)的路网监测点与部、省两级路网平台之间可采用带宽、流量或其他计费方式，具体根据实际需求与成本确定；

4 部、省两级路网平台之间应建立备用链路；

5 省际间路网平台信息共享传输通道参照部、省两级路网平台之间传输及联网(组网)方式。

1.5.5 数据传输功能要求

部、省两级路网平台的数据必须经过统一数据格式且标准化后，方可进行数据传输与交互。应采取分别在部、省两级路网平台上设置“接入控制系统”的方式，解决数据格式一致性问题。

其中，数字图像压缩标准应采用H.264，为每路图像提供的传输带宽应不高于2×2Mbit/s。视频图像压缩处理不宜超过一次，应通过平台视频监测系统实现对视频图像传输的联动控制和网络管理功能。

部级路网平台应具备控制国家级路网监测点视频图像优先级的功能。

1.5.6 信息发布功能要求

部级路网平台主要依靠网站、广播、电视等普适性、大众化的信息发布平台和技术实现出行信息发布功能。部级路网平台可向省级路网平台下达发布应急宣传信息的指令，由省级路网平台完成在省域范围内可变情报板、路侧广播、网站等媒体的发布。

省级路网平台应具备操作并调度所辖内可变情报板的功能，提供通过网站、广播、电视等信息发布平台发布信息的功能。

1.5.7　安全及认证功能要求

公路网运行监测与服务系统应根据自身业务特点和重要性，结合交通运输行业信息化建设情况实现分级安全及认证功能。部级路网平台应按照国家信息安全等级保护第二级相关标准规范建设信息系统安全保护体系；省级路网平台参照国家信息系统安全等级保护相关标准和规范建立安全保护体系。

部、省两级路网平台应具备异地容灾备份的功能。

国家级路网监测点与省级路网平台之间，部、省两级路网平台之间的信息交互应采用行业统一的密钥安全认证服务体系进行保护，确保交互数据的真实性和抗抵赖性。

2 公路网运行监测与服务信息技术要求

2.1 公路网运行监测与服务信息内容

公路网运行监测与服务信息内容包括公路基础信息、公路应急资源信息、公路网运行信息、公路出行信息等四部分。

2.1.1 公路基础信息

公路基础信息包括路基、路面、桥梁、隧道等基础设施信息,收费站、治超站、服务区、停车区等附属设施信息,以及路线编号、路线名称、路段名称、技术指标和管理单位等公路管理信息。

公路基础信息具体内容及要求应按交通运输部相关规定执行,主要通过全国公路数据库获取并更新。

2.1.2 公路应急资源信息

公路应急资源信息包括应急物资储备情况、应急管理机构以及应急队伍配置情况等。其中,应急物资储备情况应包括储备库名称、地址、级别、主管单位、所在地市、所在区县、经度、纬度、负责人、值班电话、应急值班电话、传真、库容、库容单位、物资类别、物资名称、数量、计量单位、更新时间等。

公路应急资源信息采集的具体内容及要求应按交通运输部相关规定执行,主要通过全国公路数据库获取并更新。

2.1.3 公路网运行信息

公路网运行信息包括交通运行数据、视频图像数据、基础设施运行数据、公路交通突发(阻断)信息和路网环境信息等。公路网运行信息监测方式包括从路网监测点自动采集、人工采集以及从相关部门共享获取等。

1 交通运行数据,包括:

1)断面交通量数据:指实测通过公路主线及节点的断面车辆数。其中,收费站交通量数据应含车辆出入收费站时间、地点和行驶里程等;

2)车辆速度数据:指实测公路主线及节点的地点车速(含方向)和时间平均速度等。

2 视频图像数据:主要包括各公路主线,以及互通立交、桥梁、隧道、收费广场、服务区、停车区、治超站点等公路节点的视频图像。

3 公路交通突发(阻断)事件信息,包括:

1)重特大公路交通突发事件信息:指达到《公路交通突发事件应急预案》中突发事件二级响应级别以上(含二级)的公路交通突发事件信息与达到《交通运输突发事件信息报告和处理办法》中规定报送的重大及以上公路突发事件和险情信息;

2)公路交通阻断信息:指符合《交通运输部公路交通阻断信息报送制度》规定的公路交通中断和阻塞信息。

4　重要基础设施运行数据,主要包括桥梁、隧道、互通立交等重要公路基础设施运行的监测数据。

5　路网环境信息,包括:

1)环境监测数据:主要包括公路主线及节点的气象环境数据,如能见度、大气温湿度、降水、风速、路面温度以及结冰积雪等路面状况等;

2)环境共享信息:主要包括与气象、国土等部门共享交换的日常气象监测与预报信息、公路气象预报预警信息、地质灾害预报预警信息等各类环境信息。

2.1.4　公路出行信息

公路出行信息主要包括对公众出行具有参考作用的路径规划、实时路况、占路施工、公路气象、事件预报预警、交通诱导等服务信息。

公路出行信息发布技术要求详见“6　公路出行信息发布技术要求”。

2.2　公路网运行信息参数要求

公路网运行信息基本参数包括交通运行数据参数、路网环境数据参数、公路交通突发(阻断)事件信息参数和基础设施运行参数。

交通运行数据参数和路网环境数据参数分为一级和二级参数。具体要求为:

1　一级参数须严格按照参数内容和要求采集;

2　交通运行数据二级参数可根据实际需求、技术发展、投资规模等情况尽量采集;

3　路网环境数据二级参数应根据监测点实际气象特点尽量采集,并结合一级参数联合或单独采集。

2.2.1　交通运行数据参数

交通运行数据参数按照以下要求分级(表2-1)。

表2-1　交通运行数据参数分级表

参数等级	参数内容
一级参数	断面交通量(车辆数)(veh/h),车辆类别(大/小),行驶方向,地点速度(km/h),时间平均速度(km/h)
二级参数	收费站交通量(含车辆出入收费站时间、出入收费站地点、车辆出入收费站行驶里程、车型),突发事件信息(视频)

1　断面交通量和收费站交通量

监测点的断面交通量(即车辆数)数据应区分车辆类别(表2-2)和车辆行驶上、下行方向。

表2-2　车 辆 类 别 表

车辆类别	车辆长度(m)
小车	≤6
大车	>6

收费站交通量数据含车辆出入收费站时间、出入收费站地点、行驶里程、车型,如为开放式收费,可不提供出入时间和行驶里程。

2　车辆速度

车辆速度包括监测点的地点速度和时间平均速度,应区分车辆行驶上、下行方向。

2.2.2　路网环境参数

路网环境参数包括公路沿线气象数据,以及与气象、国土等相关部门共享的信息。

1　气象数据参数:主要包括能见度(m)、路面状态(可区分干燥、潮湿、冰雪等),以及风速(m/s)、风向(°)、大气温度(℃)、相对湿度(%)、降水量(mm)、路面温度(℃)等。具体内容见表2-3。

表2-3　路网环境参数分级表

参数等级	参数内容
一级参数	能见度(m)、路面状态(路面是否有冰雪、路面是否潮湿、路面是否干燥)
二级参数	风速(m/s)、风向(°)、降水量(mm)、大气温度(℃)、相对湿度(%)、路面温度(℃)

2　与气象、国土等相关部门共享的气象环境与灾害信息、地质灾害预报预警信息,具体内容见表2-4。

表2-4　路网环境共享信息内容

共享部门	信息内容
气象部门	卫星云图、降水实况、中短期天气预报,暴雨、暴雪、雾霾、寒潮、大风、沙尘暴、高温等天气落区图
国土部门	地质灾害的范围、区域和时间,以及地质灾害的类型(如泥石流、滑坡、塌方等)、落区图等

2.2.3　公路交通突发(阻断)事件信息参数

公路交通突发(阻断)事件信息参数以人工采集为主。符合以下参数之一的,即为采集对象:

1　重特大公路交通突发事件信息

达到《公路交通突发事件应急预案》中突发事件的二级响应级别以上(含二级)的公路交通突发事件信息;达到《交通运输突发事件信息报告和处理办法》中规定报送的重大及以上的公路突发事件和险情信息;达到《交通运输部公路交通阻断信息报送制度》中重大突发类的交通阻断信息;即使未引起长时间交通中断或阻塞,但造成重大人员伤亡、影响社会公共安全以及产生恶劣社会影响的局部重大突发事件;影响范围广、持续时间长,并造成省域或跨省域公路网内多条国省干线公路交通中断或阻塞的区域性重大阻断事件。

2　公路交通阻断信息

符合《交通运输部公路交通阻断信息报送制度》规定的公路交通中断信息和阻塞信息,不含重大突发类信息。主要包括以下两类信息:

1)计划类

计划类信息指由公路养护施工、改扩建施工、重大社会活动等计划性事件引起的高速公路(含收费站)需要进行超过2h的交通管制或封闭,以及国道、省道等干线公路需要进行超过5h的交通管制或封闭的阻断信息。

2)一般突发类

一般突发类信息指由自然灾害(包括地质灾害、恶劣天气等)、事故灾难、公共卫生事件、社会安全事件,以及其他原因引发的突发性事件引起的高速公路(含收费站)局部路段预计出现超过2h的交通中断或阻塞,以及国道、省道等干线公路局部路段预计出现超过5h的交通中断或阻塞的阻断信息。

2.2.4　基础设施运行参数

基础设施运行参数主要指特大桥梁、长大隧道等重要公路基础设施的结构稳定性和技术状况等。

基础设施运行参数主要采集自各省(自治区、直辖市)公路管理部门,包括依托桥梁、隧道的健康监测系统或安全预警系统确定的动态健康状况等级,以及人工检测评定的技术状况等级参数等。

2.3　公路网运行信息监测质量要求

公路网运行信息监测应真实、可靠,数据格式应标准统一,具体要求详见附录E和附录F。

2.3.1　数据准确度与时效要求

2.3.1.1　视频数据

视频分辨率应不低于D1,每秒不低于25帧。

视频图像应确保实时传送,且图像清晰。

视频图像应叠加省份、公路名称、摄像机桩号或位置名称、方向等信息。

2.3.1.2　交通运行数据

断面交通量和车辆速度应全天候监测,其准确度应不低于85%,应每隔10min以内上传一次数据。

2.3.1.3　路网环境数据

气象环境数据应全天候监测，自动采集气象数据应至少确保85%的准确度，应每隔10min以内上传一次数据。

与气象、国土等相关部门共享的信息应具备定时自动传输与更新功能。

2.3.1.4 公路交通突发(阻断)事件信息

公路交通突发(阻断)信息应保证98%(含)以上的准确度。

信息报送时间要求应符合《交通运输部公路交通阻断信息报送制度》的要求。

2.3.1.5 基础设施运行数据

基础设施运行数据从省级路网平台获取，应具备定时自动传输与更新功能。

2.3.2 数据传输要求

2.3.2.1 业务数据

国家级路网监测点采集的业务数据应传输至省级路网平台，并经省级路网平台上传至部级路网平台。

省级路网监测点采集的业务数据传输至省级路网平台，如部级路网平台需要，可从省级路网平台按需调用。

人工输入信息由各级路网平台上传至部级路网平台。

省级路网平台与各省气象、国土等部门实现信息共享，部级路网平台与国家气象、国土等部门实现信息共享。

2.3.2.2 视频数据

国家级、省级路网监测点的视频数据应全部供省级路网平台调用，其中国家级路网监测点应通过省级路网平台同时上传至少4路图像至部级路网平台，省级路网监测点可根据部级路网平台的需要，通过省级路网平台供部级路网平台选择调用。

发生重特大公路交通突发事件时，可通过移动应急采集设施将视频图像及相关业务数据上传至省、部两级路网平台。

2.4 路网监测点布设要求

2.4.1 路网监测点的对象

路网监测点的对象主要包括高速公路、国省干线公路的重要路段，以及重要桥隧、互通立交、收费站、治超站、服务区、停车区等公路节点。

2.4.2 路网监测点的分类与定义

路网监测点主要分为三类：国家级路网监测点(Ⅰ级监测点)、省级路网监测点(Ⅱ级监测点)和其他监测点(Ⅲ级监测点)。

1 国家级路网监测点：对全国干线公路网整体运行状态有重要影响的高速公路、国省干线公路的重要路段(易拥堵路段、突发事件多发路段、恶劣气象条件频发路段等)、特大桥梁、特长隧道、枢纽互通立交、收费站点(省界、入城)、重点治超站、服务区等重要公路节点和路段；

2　省级路网监测点：对省域范围内公路网整体运行状态有重要影响的高速公路、国省干线公路的重要路段（易拥堵路段、突发事件多发路段、恶劣气象条件频发路段、长下坡路段等）、大型桥梁、长大隧道、互通立交、收费站、治超站、服务区、停车区等公路节点和路段，省域范围内的国家级路网监测点为省级路网监测点的重要组成；

3　其他路网监测点：除国家级路网监测点和省级路网监测点以外，为满足不同层级路网监测需求和路网规模等级，在对公路网运行状态有一定影响的公路路段和节点处设置的监测点。

2.4.3　路网监测点的基本判别原则

国家级路网监测点（Ⅰ级监测点）的基本判别原则为：

1　易拥堵、易发生突发事件重要路段，需满足以下条件之一：

1）年平均发生 3 起（含）以上造成拥堵排队长度超过 5km 且拥堵时间超过 2h 的路段；

2）年平均发生 5 起（含）以上一般突发类公路交通阻断事件的路段；

3）三年内发生 2 起（含）以上重特大公路突发事件的路段。

2　高速公路恶劣气象条件频发路段，需满足以下条件之一，国省干线公路参照高速公路气象条件恶劣路段的判别原则，并可适当提高标准：

1）年平均因低能见度导致被封闭次数达到 6 次（含）以上的路段，或能见度小于 200m 的雾天数达到 8d（含）以上的路段；

2）年平均有 20d（含）以上出现 8 级以上大风的路段；

3）年平均有 7d（含）以上出现严重路面结冰的路段；

4）三年内因恶劣气象条件发生 2 起（含）以上重特大公路突发事件的路段；

5）三年内因恶劣气象条件发生 2 起（含）以上公路基础设施严重水毁的路段。

3　高速公路重要公路基础设施，需满足以下条件之一，国省干线公路参照以下判别原则：

1）特大桥指多孔跨径总长大于 1 000m 或单孔跨径大于 150m 的桥梁；

2）特长隧道指长度大于 3 000m 的隧道；

3）高速公路枢纽互通立交。

4　省界收费站和城市（地市级以上）入城收费站。

5　国家Ⅰ类超限超载检测站。

6　高速公路服务区。

省级路网监测点判别标准不得低于国家级路网监测点（Ⅰ级监测点）的判别标准。具体标准参考以下基本原则，并由各省（自治区、直辖市）根据实际情况自行设定：

1　省级路网监测点的布设范围可扩大到全部国道、省道及重要农村公路；

2　大型桥梁、长大隧道可纳入监测范围；

3　长下坡、高边坡、避险车道等危险路段可纳入监测范围；

4　地质灾害频发路段可纳入监测范围；

5　互通立交可纳入监测范围；

6　公路收费站点可纳入监测范围；

7　治超站点可纳入监测范围；

8　停车区、休息区等其他服务设施可纳入监测范围。

其他路网监测点由各省（自治区、直辖市）根据实际情况自行设定。

2.4.4　路网监测点的布设规范

国家级路网监测点须按照本技术要求严格设置；省级路网监测点应根据各省（自治区、直辖市）的实际情况按照本技术要求逐步设置，特殊情况可以分期实施；其他路网监测点原则上应设置，具体根据各地方、各路段实际需求和资金情况实施。

2.4.5　路网监测点的监测内容

路网监测点的监测内容主要包括视频图像数据、交通运行数据、基础设施运行数据、公路交通突发（阻断）事件信息和路网环境数据。

国家级路网监测点具体监测内容情况如表2-5所示，省级路网监测点具体监测内容可参考国家级路网监测点。

表2-5　国家级监测点监测内容分类表

监测点类别	视频数据	交通运行数据	路网环境数据	公路交通突发事件信息	基础设施运行数据
易拥堵、易发生重特大交通事件路段	√	√		√	
恶劣气象条件频发路段	√	√	√	√	
特大桥梁	√	√	√	√	√
特长隧道	√	√		√	√
枢纽互通	√	√		√	
收费站（省界、入城）	√	√	√	√	
Ⅰ类治超站	√	√		√	
高速公路服务区	√	√		√	

2.5　监测设施布设要求

本布设要求主要针对国家级路网监测点与省级路网监测点的监测设施。

2.5.1　监测设施利用原则

对于新建监测设施，其布设应按照所属监测点类型及采集内容统筹考虑，同一监测点尽可能利用一种监测设施获取多个数据参数，需要布设不同监测设施时，应尽可能利用共同的基础设施、供电设备及传输通道等。

对于已建的监测设施（如交通量调查系统设施），如为国家级监测点的，应充分考虑数据格式与接口标准的统一，设施功能、准确度等指标须满足本技术要求的规定，避免重复建设。

2.5.2　视频监测设施布设要求

2.5.2.1　国家级路网监测点视频监测设施布设要求

1　易拥堵、易发生重特大突发事件的重要路段须设置视频监测设施，其中高速公路路段应按照小于2km间距设置视频监测设施；

2　恶劣气象条件频发路段须设置视频监测设施，其中高速公路路段应按照小于2km间距设置视频监测设施；

3　特大桥梁须设置视频监测设施，其中高速公路跨大江、大河、海湾等特大桥须按照小于2km间距设置视频监测设施；

4　3 000m及以上长度的隧道，须设置视频监测设施，其设置间距宜在120～150m之间；

5　高速公路枢纽互通立交须按监视范围和角度设置1～2处视频监测设施；

6　省界收费站和城市（地市级）入城收费站广场出入侧须分别设置视频监测设施；

7　国家Ⅰ类超限超载检测站须设置视频监测设施；

8　高速公路服务区须按场区分别设置1～2处视频监测设施。

2.5.2.2　省级路网监测点视频监测设施布设要求

在满足国家级路网监测点布设要求的前提下，省级路网监测点应参考以下设置原则：

1　大型桥梁应设置视频监测设施，宜按照小于2km间距设置视频监测设施；

2　1 000m以上长度的隧道应按照120～150m间距设置视频监测设施；

3　高速公路互通立交应根据其监视范围和角度设置1～2处视频监测设施；

4　除国家级监测点外的收费站广场应根据广场大小设置1～2处视频监测设施；

5　除Ⅰ类之外的超限超载检测站应设置视频监测设施；

6　其他如停车区、避险车道、长大下坡路段、地质灾害易发路段等宜设置视频监测设施。

2.5.2.3　省级路网中心视频监测设施布设要求

省级路网中心监控大厅、会商室须设置视频监测设施。

2.5.3　交通运行监测设施

交通运行监测设施主要采集监测点断面交通量、车辆速度等交通运行数据。

2.5.3.1　国家级路网监测点交通运行监测设施布设要求

1　易拥堵、易发生重特大突发事件的重要路段须设置交通运行监测设施，其中高速公路路段应按照小于2km间距设置交通运行监测设施；

2　恶劣气象条件频发路段须设置交通运行监测设施，其中高速公路路段应按照小于2km间距设置交通运行监测设施；

3　特大型桥须设置交通运行监测设施，桥梁两侧应设置交通运行监测设施；

4　3 000m 及以上长度的隧道须按照 300 ~ 750m 间距设置交通运行监测设施；

5　高速公路互通立交和服务区两侧须设置交通运行监测设施；

6　省界收费站和城市(地市级)入城收费站须设置交通运行监测设施,其中,主线收费站应在距收费车道 200m 处设置,收费站交通量由收费站的收费系统提供；

7　国家Ⅰ类超限超载检测站须设置交通运行监测设施。

2.5.3.2　省级路网监测点交通运行监测设施布设要求

在满足国家级路网监测点布设要求的前提下,省级路网监测点参考以下布设原则:

1　收费站应设置交通运行监测设施,其中,主线收费站应在距收费车道 200m 处设置,收费站交通量由收费系统提供；

2　大型桥梁的两侧、1 000m 及以上长度的隧道宜按照 300 ~ 750m 间距设置交通运行监测设施；

3　其他如治超站点、停车区、避险车道、长大下坡路段、地质灾害易发路段等宜设置交通运行监测设施。

2.5.4　气象监测设施

2.5.4.1　恶劣气象条件频发的国家级路网监测点气象监测设施布设要求

1　以大雾为主要恶劣气象条件的路段,气象监测设施须能够采集能见度参数。对于季节性浓雾多发地区,气象监测设施应按 15 ~ 20km 间距布设;对于浓雾多发的山区和水网地区,应按 10km 间距布设。

2　以结冰为主要恶劣气象条件的路段,气象监测设施须能够采集路面潮湿、结冰等路面状况参数。路段长度小于 15km 时,在路段中部或两侧合适位置布设 1 ~ 2 处气象监测设施;路段长度大于 15km 时,按 15km 间距布设。

3　以大风为主要恶劣气象条件的路段,气象监测设施必须能够采集风速参数。路段长度小于 15km 时,在路段适合位置布设 1 ~ 2 处气象监测设施,宜选择在风区两侧开始位置附近;路段长度大于 15km 时,按 15km 间距布设。

4　存在多种恶劣气象条件的路段,应同时监测相应环境参数,统筹气象监测设施的布设,以节约建设和运维成本。

2.5.4.2　恶劣气象条件频发的省级路网监测点气象监测设施布设要求

在满足国家级路网监测点布设要求的前提下,恶劣气象条件频发的省级路网监测点气象监测设施应参考以下布设原则:

1　对于平原或微丘地区,按 30 ~ 50km 间距布设；

2　对于山岭或重丘等地形较为复杂的地区,应充分考虑海拔高度、地形、地貌对气象的影响,按 20 ~ 40km 间距布设；

3　对于我国西部地广人稀且地形与气象条件变化不频繁,或是以沙尘暴和大风为主要交通高影响天气的(半)干旱、沙漠等地区,可采用 50km 以上的间距布设；

4　在路网相对密集地区,气象监测设施的布设需对公路沿线的气象监测点进行统筹考虑。

3　公路网运行状态监测与服务指标

3.1　公路网运行状态监测与服务指标体系

依托可获取的、标准化的公路网运行数据，建立客观、可靠、数据链统一的公路网运行状态监测与服务指标，动态反映全国干线公路网整体或局部的实时运行状况，并可用于评估全国干线公路网在一定时期内的可靠性和服务水平。

3.1.1　公路网运行状态监测与服务指标层级

全国干线公路网运行状态监测与服务指标分为部级公路网运行状态监测与服务指标和省级公路网运行状态监测与服务指标两个层级。

部级公路网运行状态监测与服务指标围绕部级路网平台的监测与服务需求，面向国家级路网监测点、跨省重要通道和全国干线公路网实时运行状况与服务水平的动态监测。

省级公路网运行状态监测与服务指标围绕省级路网平台的监测与服务需求，面向省级路网监测点和省域干线公路网实时运行状况与服务水平的动态监测，并结合各省（自治区、直辖市）公路网运行状态监测与服务的需求和特点，参照部级公路网运行状态监测与服务的指标。

3.1.2　部级公路网运行状态监测与服务指标

部级公路网运行状态监测与服务指标分为单项指标和综合指标两类。

单项指标有 7 个，包括中断率、拥挤度、环境指数、节点通阻度、突发事件等级、设施健康状况、服务区质量等级。其中，中断率、拥挤度、环境指数和节点通阻度 4 个单项指标分别包括路段、通道和路网 3 个层面的指标。

综合指标有 2 个，包括通道运行指数和公路网综合运行指数。

3.2　公路网运行状态监测与服务指标的测算

部级公路网运行状态监测与服务指标按照以下方法测算，省级公路网运行状态监测与服务指标的测算可参照以下测算方法。如省级路网平台采用与部级路网平台相同的指标，则该指标的测算方法应保持一致。

3.2.1　中断率 A

中断率描述路网中路段的中断情况，包括路段中断状态、通道中断状态和路网中断率三个指标。

3.2.1.1 路段中断状态 a

路段中断状态描述某一路段处于连通还是中断状态。连通状态指可供车辆正常行驶的状态,用“1”表示;中断状态指不能供车辆正常行驶的状态,用“0”表示。

路段中断状态依据公路交通突发(阻断)事件信息,以及断面时间平均速度和断面交通量数据进行综合判别。

3.2.1.2 通道中断状态 A_C

通道中断状态描述某一跨省重要通道整体处于连通还是中断状态。连通状态用“1”表示,中断状态用“0”表示。

通道中断状态根据通道中各路段的中断状态进行综合分析。

$$A_C = \prod_{i=1}^{n} a_i$$

式中:A_C——通道中断状态;

n——通道中路段的总数;

a_i——通道中第 i 个路段的中断状态。

3.2.1.3 路网中断率 A_N

路网中断率采用路网中处于中断状态的路段里程占该路网中路段总里程的百分比来表征。

$$A_N = \frac{\sum_{i=1}^{N} a_i}{L} \times 100\%$$

式中:A_N——路网中断率;

L——路网总里程;

N——路网中发生中断的路段数量;

a_i——路网中第 i 个中断路段的里程。

路网中断率等级划分标准可采用以下两种方式确定:

1 方式一:利用历史监测数据的分布规律进行确定,如表 3-1 所示。

表 3-1 路网中断率等级划分标准

路网中断率等级	划 分 标 准	路网中断率等级	划 分 标 准
高	$A_N > A_{N70}$	低	$A_N \leqslant A_{N30}$
中	$A_{N30} < A_N \leqslant A_{N70}$		

注:A_{N70}为路网中断率历史数据从低到高排列的 70% 分位值,A_{N30}为路网中断率历史数据从低到高排列的 30% 分位值。路网中断率历史数据指根据近三年积累的路网中断信息按照本技术要求的测算方法得到的路网中断率数据。

2 方式二:根据路网中断率百分比阈值进行确定,如表 3-2 所示。

表 3-2 路网中断率等级划分标准

路网中断率等级	划 分 标 准	路网中断率等级	划 分 标 准
高	$A_N > 5\%$	低	$A_N \leqslant 1\%$
中	$1\% < A_N \leqslant 5\%$		

路网中断率等级划分标准在一定时期内应保持稳定，随着路网运行状态的发展演化，该划分标准不再适应时，应根据实际情况重新确定。

3.2.2　拥挤度 F

拥挤度描述路网中交通流的拥挤程度，包括路段拥挤度、通道拥挤度和路网拥挤度三个指标。

3.2.2.1　路段拥挤度 f

路段拥挤度描述路段上交通流的拥挤程度，根据路段不同断面时间平均速度的均值（有条件地区可用路段平均行程车速）和断面交通量数据进行综合分析，并分为不同等级。路段不同断面时间平均速度的均值（或路段平均行程车速）越高，表示拥挤程度越低。

路段拥挤度等级划分标准如表 3-3 和表 3-4 所示。

表 3-3　高速公路路段拥挤度等级划分标准

拥挤度（颜色示意）	设 计 速 度（km/h）		
	120	100	80
	速度（km/h）	速度（km/h）	速度（km/h）
畅通（绿色）	≥90	≥80	≥60
基本畅通（蓝色）	[70,90)	[60,80)	[50,60)
轻度拥堵（黄色）	[50,70)	[40,60)	[35,50)
中度拥堵（橙色）	[30,50)	[20,40)	[20,35)
严重拥堵（红色）	[0,30)	[0,20)	[0,20)

注：当速度为 0 并且断面交通量也为 0 时，路段为畅通状态。

表 3-4　国省干线公路路段拥挤度等级划分标准

拥挤度（颜色示意）	设 计 速 度（km/h）	
	100	80 或 60
	速度（km/h）	速度（km/h）
畅通（绿色）	≥70	≥55
基本畅通（蓝色）	[50,70)	[40,55)
轻度拥堵（黄色）	[35,50)	[25,40)
中度拥堵（橙色）	[20,35)	[15,25)
严重拥堵（红色）	[0,20)	[0,15)

注：当速度为 0 并且断面交通量也为 0 时，路段为畅通状态。

3.2.2.2　通道拥挤度 F_C

通道拥挤度描述跨省重要通道的整体拥挤程度，根据通道中各路段不同断面时间平均速度的均值（有条件地区可用路段平均行程车速）进行综合分析，并分为不同等级。

$$F_C = \frac{\sum_{i=1}^{n}(V_i \times T_i \times L_i)}{\sum_{i=1}^{n}(T_i \times L_i)}$$

式中：F_C——通道拥挤度；

V_i——通道中第 i 个路段的不同断面时间平均速度的均值（或平均行程车速）；

T_i——第 i 个路段的不同断面交通量的均值；

L_i——第 i 个路段的里程；

n——通道中路段的总数。

通道拥挤度等级划分标准如表 3-5 所示。

表 3-5　通道拥挤度等级划分标准

通道拥挤度等级	划分标准	
	高速公路为主的通道	国道为主的通道
	速度（km/h）	速度（km/h）
畅通	$F_C \geq 70$	$F_C \geq 50$
基本畅通	$50 \leq F_C < 70$	$40 \leq F_C < 50$
轻度拥堵	$40 \leq F_C < 50$	$30 \leq F_C < 40$
中度拥堵	$20 \leq F_C < 40$	$15 \leq F_C < 30$
严重拥堵	$F_C < 20$	$F_C < 15$

3.2.2.3　路网拥挤度 F_N

路网拥挤度采用路网中处于拥挤和堵塞状态的路段总里程占路网总里程的百分比来表征。

$$F_N = \frac{\sum_{i=1}^{m} d_i + \sum_{j=1}^{n} e_j}{L} \times 100\%$$

式中：F_N——路网拥挤度；

L——路网总里程；

m——处于拥挤等级的路段数量；

d_i——处于中度拥堵等级的路段 i 的里程；

n——处于严重拥堵等级的路段数量；

e_j——处于堵塞等级的路段 j 的里程。

路网拥挤度等级划分标准如表 3-6 所示。

表 3-6　路网拥挤度等级划分标准

路网拥挤度等级	划分标准	路网拥挤度等级	划分标准
高	$F_N > 10\%$	较低	$2\% < F_N \leq 5\%$
较高	$8\% < F_N \leq 10\%$	低	$F_N \leq 2\%$
中	$5\% < F_N \leq 8\%$		

3.2.3　环境指数 R

环境指数描述特定交通组成(车辆类别)和气象条件下的行车影响程度,包括路段交通组成特征指数、路段气象环境特征指数、通道环境指数和路网环境指数四个指标。

3.2.3.1　路段交通组成特征指数 r_t

路段交通组成特征指数描述路段车辆类别(大/小)分布特征,根据路段监测的大车比例进行分析。

路段交通组成特征指数等级划分如表 3-7 所示。

表 3-7　路段交通组成特征指数等级划分标准

路段交通组成特征指数等级	高	中	低
大车比例	>30%	(5%,30%]	≤5%

3.2.3.2　路段气象环境特征指数 r_w

路段气象环境特征指数根据路段监测的气象环境参数(包括能见度和路面状况)进行综合分析和测算。

路段气象环境特征指数划分为好、中、差三个等级,各等级的判定方法和定性描述如表 3-8 和表 3-9 所示。

表 3-8　路段气象环境特征指数等级判定方法

路面状况	能见度（m）		
	≥500	[100,500)	<100
干燥	好	中	差
潮湿	中	中	差
冰雪	差	差	差

表 3-9　路段气象环境特征指数等级定性描述

路段气象环境特征指数等级	定性描述
好	路段气象环境良好,适宜行车
中	路段气象环境一般,对行车有一定不利影响
差	路段气象环境较差,对行车有较大不利影响

3.2.3.3　通道环境指数 R_C

通道环境指数根据通道中路段交通组成特征指数和路段气象环境特征指数进行综合分析和测算。

$$R_C = \frac{\sum_{i=1}^{n} f(r_{ti}, r_{wi}) \times l_i}{L_C} \times 100\%$$

式中:R_C——通道环境指数;

L_C——通道总里程;

n——通道中的路段数量；

l_i——通道中第 i 个路段的里程；

r_{ti}——通道中第 i 个路段的交通组成特征指数；

r_{wi}——通道中第 i 个路段的气象环境特征指数。

通道环境指数等级划分标准如表 3-10 所示。

3.2.3.4 路网环境指数 R_N

路网环境指数根据路网中路段交通组成特征指数和路段气象环境特征指数进行综合分析和测算。

$$R_N = \frac{\sum_{i=1}^{N} f(r_{ti}, r_{wi}) \times l_i}{L} \times 100\%$$

式中：R_N——路网环境指数；

L——路网总里程；

N——路网中的路段数量；

l_i——路网中第 i 个路段的里程；

r_{ti}——路网中第 i 个路段的交通组成特征指数；

r_{wi}——路网中第 i 个路段的气象环境特征指数。

路网环境指数等级划分标准如表 3-11 所示。

表 3-10 通道环境指数等级划分标准

通道环境指数等级	划分标准
好	$R_C \leqslant 10\%$
中	$10\% < R_C \leqslant 20\%$
差	$R_C > 20\%$

表 3-11 路网环境指数等级划分标准

路网环境指数	划分标准
好	$R_N \leqslant 10\%$
中	$10\% < R_N \leqslant 30\%$
差	$R_N > 30\%$

3.2.4 节点通阻度 D

节点通阻度描述重要公路节点处于拥堵或畅通两种状态，包括节点通阻度、通道节点通阻度和路网节点通阻度三个指标。

3.2.4.1 节点通阻度 d

节点通阻度根据公路节点的排队长度是否超过一定限值进行分析，超过限值为拥堵状态，用“1”表示；未超过限值为畅通状态，用“0”表示。

3.2.4.2 通道节点通阻度 D_C

通道节点通阻度采用跨省重要通道中处于拥堵状态的公路节点数量占通道中公路节点总数量的百分比来表征。

$$D_C = \frac{\sum_{i=1}^{n} d_i}{n} \times 100\%$$

式中：D_C——通道节点通阻度；

n——通道中公路节点的总数量；

d_i——通道中第 i 个公路节点的通阻度。

通道节点通阻度等级划分标准如表 3-12 所示。

3.2.4.3　路网节点通阻度 D_N

路网节点通阻度采用路网中处于拥堵状态的公路节点数量占公路节点总数量的百分比来表征。

$$D_N = \frac{\sum_{i=1}^{N} d_i}{N} \times 100\%$$

式中：D_N——路网节点通阻度；

N——路网中公路节点的总数量；

d_i——第 i 个公路节点的通阻度。

路网节点通阻度等级划分标准如表 3-13 所示。

表 3-12　通道节点通阻度等级划分标准

通道节点通阻度等级	划 分 标 准
高	$D_C \leqslant 5\%$
中	$5\% < D_C \leqslant 10\%$
低	$D_C \geqslant 10\%$

表 3-13　路网节点通阻度等级划分标准

路网节点通阻度等级	划 分 标 准
高	$D_N \leqslant 5\%$
中	$5\% < D_N \leqslant 20\%$
低	$D_N > 20\%$

3.2.5　公路交通突发事件等级 I

公路交通突发事件等级采用《公路交通突发事件应急预案》中突发事件的预警和响应级别进行表征，如表 3-14 所示。

表 3-14　公路交通突发事件等级划分标准

突发事件等级	级别描述	颜色示意	事 件 情 形
Ⅰ级	特别严重	红色	• 因突发事件可能导致干线公路交通毁坏、中断、阻塞或者大量车辆积压、人员滞留，通行能力影响周边省份，抢修、处置时间预计在 24h 以上时 • 因突发事件可能导致重要客运枢纽运行中断，造成大量旅客滞留，恢复运行及人员疏散预计在 48h 以上时 • 发生因重要物资缺乏、价格大幅波动可能严重影响全国或者大片区经济整体运行和人民正常生活，超出省级交通运输主管部门运力组织能力时 • 其他可能需要由交通运输部提供应急保障时
Ⅱ级	严重	橙色	• 因突发事件可能导致干线公路交通毁坏、中断、阻塞或者大量车辆积压、人员滞留，抢修、处置时间预计在 12h 以上时 • 因突发事件可能导致重要客运枢纽运行中断，造成大量旅客滞留，恢复运行及人员疏散预计在 24h 以上时 • 发生因重要物资缺乏、价格大幅波动可能严重影响省域内经济整体运行和人民正常生活时 • 其他可能需要由省级交通运输主管部门提供应急保障时
Ⅲ级	较重	黄色	• Ⅲ级预警分级条件由省级交通运输主管部门负责参照Ⅰ级和Ⅱ级预警等级，结合地方特点确定
Ⅳ级	一般	蓝色	• Ⅳ级预警分级条件由省级交通运输主管部门负责参照Ⅰ级、Ⅱ级和Ⅲ级预警等级，结合地方特点确定

3.2.6 设施健康状况 H

设施健康状况描述特大桥梁、长大隧道等重要公路基础设施的健康状况。

对于已经建立健康监测系统或安全预警系统的特大桥梁、长大隧道等重要公路基础设施，根据其健康监测系统的相关监测数据及综合评价结果动态确定实时的设施健康状况等级。

对于尚未建立健康监测系统或安全预警系统的特大桥梁、长大隧道等重要公路基础设施，依据《公路桥梁技术状况评定标准》（JTG/T H21—2011）评定的桥梁技术状况等级和《公路隧道养护技术规范》（JTG H12—2003）得到的判定结果确定一定时期内的设施健康状况等级。

设施健康状况等级划分标准如表3-15所示。

表3-15 设施健康状况等级划分标准

<table>
<tr><th rowspan="2">设施健康状况等级</th><th rowspan="2">健康监测系统实时监测数据</th><th colspan="2">桥梁</th><th colspan="2">隧道</th></tr>
<tr><th>技术状况</th><th>检查结论</th><th>判断分类</th><th>检查结论</th></tr>
<tr><td rowspan="2">好</td><td rowspan="2">各项监测指标正常，设施健康状况良好</td><td>1类</td><td>全新状态、功能完好</td><td rowspan="2">S</td><td rowspan="2">情况正常（无异常情况，或虽有异常情况但很轻微）</td></tr>
<tr><td>2类</td><td>有轻微缺损，对桥梁使用功能无影响</td></tr>
<tr><td>中</td><td>非关键性监测指标异常，或个别关键指标异常但异常程度尚不影响结构安全，应加强检查和重点监测</td><td>3类</td><td>有中等缺损，尚能维持正常使用功能，缺损恶化会发展</td><td>B</td><td>存在异常情况，但不明确，应作进一步检查或观测以确定对策</td></tr>
<tr><td rowspan="2">差</td><td rowspan="2">关键性监测指标异常，影响结构安全，需要及时处置</td><td>4类</td><td>主要构件有大缺损，严重影响桥梁使用功能；或影响承载能力，不能保证正常使用</td><td rowspan="2">A</td><td rowspan="2">异常情况显著，危及行人、行车安全，应采取处置措施或特别对策</td></tr>
<tr><td>5类</td><td>主要构件存在严重缺损，主要构件不能正常使用，危及桥梁安全，桥梁处于危险状态</td></tr>
</table>

3.2.7 服务区质量等级 S

服务区质量等级评价依据相关行业标准。服务区质量等级评价因素包括服务区停车场、加油站、餐厅、超市、客房、厕所、休闲设施、绿化美化，以及交通引导的结构、布局、环境、卫生、安全、消防、综合治理等。

服务区质量等级分为五级，用星级表示，即：一星级、二星级、三星级、四星级、五星级。星级数量越多表示服务区质量等级越高。

3.2.8 通道运行指数 C

通道运行指数描述跨省重要通道的整体运行状况，采用上述通道中断状态、通道拥挤度、通道环境指数、通道节点通阻度、突发事件等级、设施健康状况和服务区质量等级7个单项指标的综合评估结果进行表征。即：

$C = \xi \times f$（通道中断状态 A_C，通道拥挤度 F_C，通道环境指数 R_C，通道节点通阻度 D_C，突发事件等级 I，设施健康状况 H^*，服务区质量等级 S^*）

式中：ξ——修正系数。

设施健康状况 H^* 和服务区质量等级 S^* 作为可选参数，一般不作为表征通道运行指数的参数。

通道运行指数的评估，根据各单项指标的监测等级，赋以不同的分值和权重，进行综合评估。各单项指标的权重如表3-16所示。

表3-16　通道运行指数测算权重表

单项指标	通道中断状态 A_C	通道拥挤度 F_C	通道环境指数 R_C	通道节点通阻度 D_C	突发事件等级 I	设施健康状况 H^*	服务区质量等级 S^*
权重	0.20～0.30	0.15～0.25	0.15～0.20	0.15～0.25	0.20～0.30	≤0.05	≤0.05

注：测算时确定的各单项指标权重之和等于1。

通道运行指数划分为五个等级，各等级的定性描述如表3-17所示。

表3-17　通道运行指数等级划分

通道运行指数等级	定 性 描 述
1级	通道畅通，出行效率、安全性和可靠性很高
2级	通道局部节点拥堵或阻断，出行效率、安全性和可靠性较高
3级	通道局部路段拥堵或阻断，出行效率、安全性和可靠性较高
4级	通道大范围拥堵或阻断，出行效率、安全性和可靠性较低
5级	通道大范围长时间拥堵或阻断，出行效率、安全性和可靠性很低

3.2.9 路网综合运行指数 N

路网综合运行指数描述路网整体运行状况，采用上述路网中断率、路网拥挤度、路网环境指数、路网节点通阻度、突发事件等级、设施健康状况和服务区质量等级7个单项指标的综合评估结果进行表征。即：

$N = \xi \times f$（路网中断率 A_N，路网拥挤度 F_N，路网环境指数 R_N，路网节点通阻度 D_N，突发事件等级 I，设施健康状况 H^*，服务区质量等级 S^*）

式中：ξ——修正系数。

设施健康状况 H^* 和服务区质量等级 S^* 作为可选参数，一般不作为表征公路网综合运行状态的参数。

路网综合运行指数的评估，根据各单项指标的监测等级，赋以不同的分值和权重，进行综合评估。各单项指标的权重如表3-18所示。

表3-18 路网综合运行指数测算权重表

单项指标	路网中断率 A_N	路网拥挤度 F_N	路网环境指数 R_N	路网节点通阻度 D_N	突发事件等级 I	设施健康状况 H^*	服务区质量等级 S^*
权重	0.20~0.25	0.15~0.20	0.15~0.20	0.15~0.20	0.20~0.30	≤0.05	≤0.05

注:测算时确定的各单项指标权重之和等于1。

路网综合运行指数划分为五个等级,各等级的定性描述如表3-19所示。

表3-19 公路网综合运行指数等级划分

路网综合运行指数等级		定性描述
Ⅰ级	绿色	全网畅通,出行效率、安全性和可靠性很高
Ⅱ级	蓝色	局部路段拥堵或阻断,出行效率、安全性和可靠性普遍较高
Ⅲ级	黄色	局部路网拥堵或阻断,出行效率、安全性和可靠性普遍较高
Ⅳ级	橙色	路网大范围拥堵或阻断,出行效率、安全性和可靠性普遍较低
Ⅴ级	红色	路网大范围长时间拥堵或阻断,出行效率、安全性和可靠性很低

4　公路网运行监测与服务平台软件技术要求

4.1　软件总体要求

4.1.1　软件体系结构

部、省两级路网平台软件宜采用数据层、支撑层、应用层三层体系结构：

1　第一层数据层，即路网平台软件中的各类数据库；

2　第二层支撑层，即应用支撑环境，包括应用中间件、基础构件等；

3　第三层应用层，主要包括部、省两级路网平台业务软件。

4.1.2　一般规定

1　部、省两级路网平台软件应符合国际开放式标准，采用 TCP/IP 网络通信协议，选用友好的人机界面；

2　部、省两级路网平台软件的设计应遵循分级、分类的设计原则；

3　部、省两级路网平台软件宜采用平台无关的、松耦合、标准化、高重用的软件架构，如 SOA 架构；

4　部、省两级路网平台软件应具有充分的可靠性、可维护性、可适应性、可移植性、可追踪性和良好的互操作性和可扩展性；

5　部级路网平台软件由部路网中心使用，省级路网平台软件由省级路网中心使用；

6　部、省两级路网平台软件开发和使用，除应符合本技术要求规定外，同时应符合我国法律、法规及国家、行业有关标准的规定；

7　部、省两级路网平台软件数据安全要求应符合本技术要求 7.2 的描述。

4.1.3　数据基本要求

4.1.3.1　数据存储原则

部、省两级路网平台的数据采取分级、分类存储原则，在对数据进行分类和评估的基础上，优化数据分层存储架构和存储内容及方式，将数据分配到最合适的存储层中。

4.1.3.2　业务数据存储格式

部、省两级路网平台软件应采用通用的数据存储格式。

4.1.3.3　视频数据存储格式

部、省两级路网平台软件可按实际情况确定视频数据存储格式。

4.1.3.4　数据质量要求

1　数据内容需真实、完整、准确和有效；

2　数据准确度须符合本技术要求 2.3.1 的规定；

3　系统的数据应满足部、省两级路网平台软件数据接口要求；

4　数据应满足一致性、准确性、完整性和不可抵赖性等要求。

4.1.3.5　数据更新与维护

部、省两级路网平台软件应提供灵活方便的数据更新手段和方法，包括定期更新和实时更新，确保数据的及时性、准确性、完整性和安全性。

4.1.3.6　数据存储时间

1　存储时间要求：

1）部、省两级路网平台对业务数据存储应至少保留三年；

2）部级路网平台对实时视频数据不作存储，对需存储的视频可进行分段存储，并至少保留一年；

3）省级路网平台对视频数据需至少存储一周。

2　数据存储介质要求：应根据数据类别确定存储介质（如磁盘或磁带）。

3　数据备份时间：

1）业务数据超出存储时间后应作备份存档，存期需至少五年；

2）省级路网平台视频数据备份存期需保留一年，逾期后可销毁。

4.1.3.7　数据备份和冗余

部、省两级路网平台软件程序和数据要实现定期、自动异地备份，可根据实际情况选用完全备份、增量备份等备份方式；针对视频数据的备份，可采取定期增量备份方式。

部、省两级路网平台在服务器配备上应尽可能实现冗余，并通过多机并行等方式减少由可能出现的系统灾难造成的重要数据损失和业务停顿风险。

4.2　软件核心功能要求

4.2.1　总体要求

4.2.1.1　一致性要求

1　部、省两级路网平台软件在核心功能方面应具备一致性；

2　部、省两级路网平台软件须实现用户权限配置，通过分配权限控制用户对功能、数据的访问；

3　部、省两级路网平台软件具备对管辖范围内公路网运行状态进行实时监测、协调管理的功能，并具备对管辖范围内发生的突发事件进行预测预警、应急处置的功能；

4　部、省两级路网平台软件应通过“接入控制系统”实现数据交互与共享，保证部、省两级路网平台之间，以及省级路网平台与路网监测点之间数据交换的机密性。

4.2.1.2　其他要求

1　发生重特大突发事件时，省级路网平台软件应提供部级路网平台所需业务数据和视频数据调取接口功能，实现部级路网平台对省级路网平台相关功能与数据按需调取，但不提供数据库直接调取访问功能且接口调用须有身份认证机制；

2　部级路网平台软件应提供必要接口供省级路网平台开展省际路网平台间数据交换与共享功能，在授权下省级路网平台可通过部路网平台调取、查询别省相关信息等，业务数据接口调用须有身份认证机制；

3　除满足核心功能外，部级、省级路网平台软件可对自身功能进行扩展，以满足不同层级和范围的业务需要；

4　在部、省两级路网平台建设过程中，可根据实际需求和技术条件引入云存储、云计算等技术。

4.2.2　核心功能要求

部、省两级路网平台软件的核心功能应包括公路网监测与分析功能、应急会商与处置功能、信息发布功能、信息展示功能、网络管理功能、互操作功能和数据交换功能等，见图4-1。

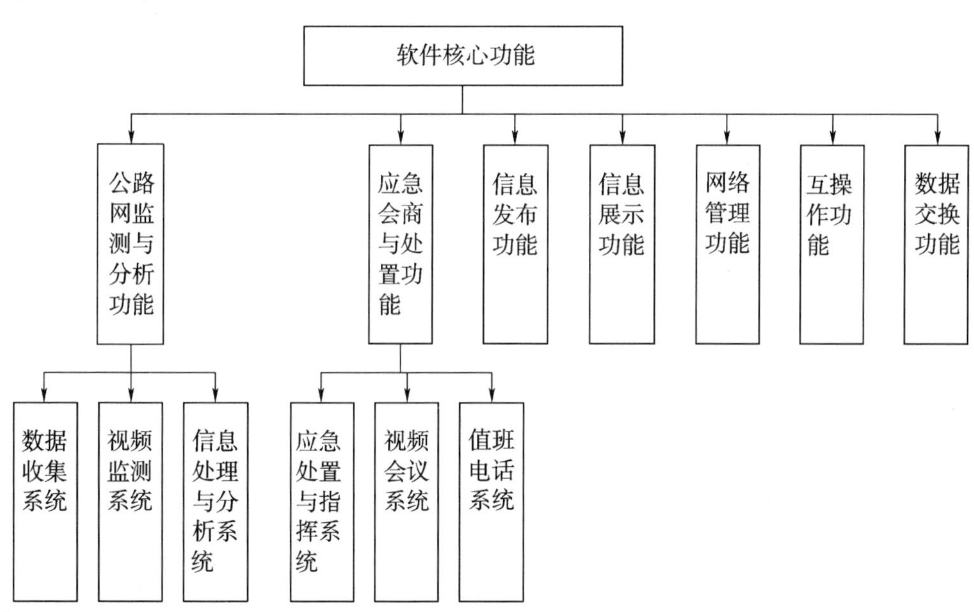

图4-1　部、省两级路网平台软件核心功能框图

4.2.2.1　路网监测与分析功能

4.2.2.1.1　数据收集系统

数据收集系统应分为视频监视VLAN和数据VLAN；核心交换机宜采用千兆以太网交换机；服务器宜采用高可靠、高性能企业级或部门级服务器，并配置双机冗余系统。

部、省两级路网平台数据收集系统提供以下核心功能：

1　国家级、省级路网监测点采集数据的收集与存储工作；

2　公路交通突发(阻断)事件信息的收集与存储工作。

4.2.2.1.2　视频监测系统

部、省两级路网平台对采集的视频图像进行监视，并能进行切换、控制和录制，视频图像传输方式应采用数字压缩方式进行传输。

部、省两级路网平台视频监视系统应提供以下核心功能：

1　部级路网平台视频监视系统可选择调用全部国家级监测点实时视频图像(每省至少同时4路),并能进行按需切换和录制,同时具备最高优先级功能;

2　部级路网平台视频监视系统可通过省级路网平台申请调用省级路网监测点的实时视频图像,并能进行录制;

3　省级路网平台视频监视系统可对国家级、省级路网监测点全部实时视频图像进行调用,并能进行切换、控制和录制。

4.2.2.1.3　信息处理与分析系统

部、省两级路网平台信息处理系统应提供以下核心功能:

1　路网运行状态评估功能:可对国家级监测点、省级路网监测点实时数据进行加工、分析和统计,生成定义路网运行状态监测与服务指标,汇总定义路网运行监测统计和分析信息;

2　路网运行态势分析与预测功能:利用路网监测点数据及信息处理与分析系统,实现对全国或省域路网运行态势的分析及预测;

3　动态图表展示功能:借助监视器或大屏幕投影系统,用图形化方式对公路网运行状态监测与服务指标、各类事件信息及各类报表进行展示,有条件的可引入三维地图展示方式;

4　统计分析功能:可定制生产所需的各类统计报表。

4.2.2.2　应急处置与会商功能

部、省两级路网平台应急处置与会商系统可实现对公路交通突发(阻断)事件进行应急指挥调度,并可在指挥调度过程中通过视频会议、值班电话系统等功能实现对现场情况的实时掌握,并根据现场情况变化,制订应急处置方案,下达应急指令,开展应急抢险及路网调度指挥等功能。具体包括以下三个方面:

1　应急处置与指挥系统

1)事件预报预警:部、省两级路网平台应急处置系统利用收集和共享的公路气象、地质灾害数据进行分析与预测,提供中短周期内的公路网运行态势分析及影响预测服务,并对路网可能发生的突发事件进行预测和分析,并进行预警;

2)事件定级:省级路网平台应急处置系统可对通过路网监测点采集系统、人工报送系统及其他方式等获取的全国干线公路网内发生的重特大突发事件进行定级,并按照事件级别启动相应应急处置流程,达到一定级别时应自动上报部级路网平台应急处置与指挥系统,由部级路网平台完成定级和处置流程;

3)预案启动:部、省两级路网平台应急处置与指挥系统可根据突发事件发生地点、事件性质、事件规模、事件级别等信息自动从应急预案库中筛选合适的预案,为开展现场处置或远程会商提供数据与决策支撑,并随时为各级路网平台提供突发事件统计数据、实时视频、应急资源调度情况等信息;

4)路网协调与指挥调度:部、省两级路网平台应急处置与指挥系统可根据应急流程,实现协调与指挥指令的接收、处理、分发与操作;指令的下达、反馈、跟踪及操作全过程应受到系统的监控;具备跨区域、跨省域路网的大规模运行调度与指挥平台联动功能,以及可在统一的操作界面下完成指挥调度的功能；

5）应急资源管理：部、省两级路网平台应急处置与指挥系统可实现对应急管理机构、应急队伍、物资设备、通信保障等人力、物力、财力资源的信息管理，包括资源监控（应急资源跟踪反馈、应急资源分布、应急资源状态等），以及资源储备、配置、调度和编码管理等，实现应急资源调度与使用的全过程监督；

6）应急信息发布：部、省两级路网平台应急处置与指挥系统需具备媒体预留发布信息传输功能，并提供现场直播的网络与办公功能；在发生重特大公路突发事件时，能够进行应急信息的发布；同时，省级路网平台具备对可变情报板、自备广播等系统设施发布同步信息指令的功能；

7）处置结果分析：部、省两级路网平台应急处置与指挥系统在应急事件处置结束后，具备对事件处置过程进行评估的功能，包括应急过程再现、事件评估、统计分析、综合报告等功能。

2　视频会议系统

部、省两级路网平台视频会议系统采用 ITU-T H. 323 标准组建，会议视频传输采用 H. 264 编码格式，图像分辨率不低于 720p，声音应清晰可辨、自然圆润。省级路网平台视频会议系统应与部级路网平台视频会议系统实现互通。

省级、部级路网平台视频会议系统应提供以下功能：

1）基本功能：多方音视频交互、电子白板、动态 PPT、媒体播放、会议录制、会议控制、登录模式、带宽适应等，系统可对与会者的用户信息进行备份与恢复；

2）可选功能：文件共享、协同浏览、桌面共享、文字交流、文件传输、服务器备份及扩展和会议管理等功能；

3）视频会议终端由 MCU（多点控制器）授予权限，可以在本地会场对整个会议进行控制，包括会议进程控制、会场权限控制、音频和视频控制以及会议辅助控制功能；

4）部级路网平台视频会议系统可与多个省级路网平台视频会议系统共同参会，与会省份能够实时接收来自会议的视频、音频；

5）至少支持 40 个视频会商地点同时召开视频会议的功能，本地同时浏览异地画面不少于 7 个。

3　值班电话系统

部级路网平台值班电话系统主要面向部、省之间开展公路网运行管理业务，提供行业内部呼叫应用。省级路网平台值班电话系统应覆盖省域公路管理部门。值班电话系统应提供以下核心功能：

1）通过值班电话系统实现人工报送公路网运行信息功能；

2）在应急处置过程中，通过值班电话系统实现指挥人员与现场指挥人员、相关职能部门负责人等的电话自动拨打和接入功能；

3）在应急处置过程中，为部、省两级路网平台提供互联互通的通信能力，实现自动拨号、自动接听、自动录音、电话会议等功能；通过值班电话系统实现对应急队伍、应急物资等应急资源的调度和指挥；实现指令跟踪、执行反馈、过程监督、效果评估等功能；

4)向部、省两级路网平台操作人员及管理人员提供公路网运行状况、突发事件信息以及管理投诉、咨询、建议等服务功能。

4.2.2.3 信息展示功能

信息显示系统应配置大屏幕投影系统和显示屏,并设置在专用会商室或监控大厅。大屏幕投影系统由投影显示、信号处理和控制系统三部分组成,可对视频信号、计算机图像信号等进行综合显示。显示屏通过专用接口和计算机进行连接,动态显示相关信息,并应支持全屏、多窗口等多种显示方式。

4.2.2.4 信息发布功能

部、省两级路网平台信息可通过网站、广播、电视、短信、可变情报板等方式向行业和社会公众发布电子地图信息、实时交通运行状况信息、突发事件及应急宣传信息以及公路出行自驾服务等日常服务信息。

4.2.2.5 网络管理系统

网络管理系统可以监测部、省两级路网平台之间、省级路网平台与路网监测点之间各种设备可能出现的故障,检测网络性能瓶颈并及时作出报告,进行自动处理或远程修复,保障网络正常、高效运行。

网络管理宜采用集中式管理和分布式管理相结合的管理模式。

4.2.2.6 互操作功能

部、省两级路网平台软件通过提供有身份认证的业务接口实现互操作功能,省级路网平台为部级路网平台提供信息展示与业务操作平台功能,部级路网平台为省级路网平台提供信息展示与交互平台预留功能。

4.2.2.7 数据交换功能

部、省两级路网平台之间具备有身份认证的数据交换功能。

省际路网平台之间可通过部级路网平台实现信息共享功能。

省级路网平台也可按照部、省两级路网平台数据交换功能和安全要求,建立相应省际路网平台之间的信息共享功能。

4.3 数据字典

部、省两级路网平台核心功能数据字典参考附录 F。

4.4 平台支撑软件

4.4.1 选型原则

部、省两级路网平台支撑软件应满足以下原则:

1 平台支撑软件选型应重点考虑软件性能、可靠性及安全性,参考软件供应商的应用案例、维护和服务水平;

2 省级路网平台宜选择与部级路网平台一致的平台支撑软件;

3　平台支撑软件的选择应与所采用的硬件平台相适应；

4　不同层次的平台支撑软件应注意连续性和匹配适应性。

4.4.2　操作系统

部署部、省两级路网平台软件的操作系统应满足以下原则：

1　具备高水平的系统、网络和事务安全功能；

2　操作系统应具备多任务处理能力；

3　具备内存管理和系统管理功能；

4　提供多级系统容错能力。

4.4.3　数据库

系统数据库设计按照分布式数据存储的方式，实现逻辑集中、管理集中的虚拟化数据库功能要求。系统数据库的部署应支持远程访问与调取的功能，不受部署空间地点的影响，形成逻辑数据中心。

部、省两级路网平台数据库应选用主流的、性能较高的、安全性可靠的关系型或对象关系型数据库管理系统。

部、省两级路网平台软件使用的公路基础数据、空间数据应利用全国和各省已建的公路数据库中的数据。

4.4.4　GIS 平台

部、省两级路网平台软件选用的 GIS 平台需满足以下原则：

1　先进性和实用性，部、省两级路网平台软件采用的 GIS 平台必须满足先进性和实用性并重的要求，所选 GIS 平台应在交通行业具备成熟应用或成功项目案例；

2　支持标准与规范，支持 OpenGIS 的数据模型规范，支持开放地理信息联盟 OGC 的地理信息服务相关规范，如 WMS、WFS、WCS，实现分布式、异构、多源、复杂网络情况下跨 GIS 平台的数据共享；

3　支持 WEB 图形应用，支持面向网络服务的开放 Web GIS 平台，提供海量图形数据的分层分布式部署、异步传输和图形数据缓存技术，满足海量数据的快速浏览；

4　数据要求，支持国家标准空间数据格式；全国干线公路网的空间数据和属性数据属于国家涉密数据，应遵循《国家测绘法》的要求，防范数据泄密；全国干线公路网图形和空间地理数据属于海量数据，GIS 平台需要支持海量数据的实时调度；

5　GIS 平台可定制性与可持续性，GIS 平台必须随时能提供实时的可定制功能需求，同时要具备后续的技术支持和发展潜力。

4.4.5　网络管理软件

部、省两级路网平台所属的网络管理软件应遵循以下原则：

1　网络管理范围从路网监测点数据采集至部、省两级路网平台，包括路由器、交换机、服务器、工作站、UPS 电源、通信传输和访问控制等；

2 网络维护功能：网络监控、测试、报警、供电、故障处理与修复；

3 日常管理功能：收集通信量及设备利用率等方面的数据，经分析后采取相应控制措施，优化网络运作并提高资源利用效率。

4.4.6 软件管理软件

对部、省两级路网平台软件进行管理的软件应满足以下要求：

1 简化软件安装、配置等管理工作，及时发现软件安装、配置及运行过程中出现的问题；

2 实时监控部、省两级路网平台内的所有服务器、工作站上的软件安装情况、软件运行状态及重要进程的运行情况，在此基础进行实时管理；

3 提供完备的软件管理手段，提高系统的安全性和稳定性。

4.5 应用中间件及构件管理

4.5.1 应用中间件

一般情况下，部、省两级路网平台应选用统一的应用中间件平台，需满足以下原则：

1 支持最新的技术标准，并向下兼容；

2 便于集群安装和管理；

3 对部署在中间件上的应用可以通过控制台的方式方便地监控和管理；

4 具备可扩展功能；

5 具备与其他应用服务器易兼容的功能。

4.5.2 基础构件管理

部、省两级路网平台使用的基础构件是指通过对各类基础构件的进一步封装而形成的直接对部、省两级路网平台软件提供支持的功能单元，实现对路网运行监测与服务系统软件业务应用模块的支撑，例如：

1 系统操作日志、报表制作、数据通信、数据处理、信息显示、权限管理、地理信息管理等构件；

2 以 GIS 平台为基础，提供空间数据存储、计算和展现的构件；

3 以应用服务器中间件为基础，研发提供企业级的 J2EE 容器以支撑软件应用的构件；

4 为多个应用提供统一的登录界面和统一的用户管理功能的构件。

部、省两级路网平台软件开发及集成应充分采用构件技术实现软件复用，主要内容包括：构件获取、构件模型、构件描述语言、构件分类与检索、构件复合组装、标准化等。

构件管理负责控制部、省两级路网平台软件各构件的处理流程，相关的任务请求经业务模块传递给构件管理，根据业务逻辑与规则，调度相应的构件完成该任务请求。当任务请求完成后，根据定制信息将请求执行后返回的处理结果传递给指定的处理单元，同时达到规范应用开发、屏蔽异构数据访问和系统集成的目的。

4.6 软件开发工具

部、省两级路网平台软件应用开发工具可针对不同开发平台(Java、.Net 等)选用合适的软件开发工具。

4.7 应用软件开发

4.7.1 应遵循的标准及规范

1 GB/T 11457　信息技术　软件工程术语;
2 GB/T 14085　信息处理系统　计算机系统配置图符号及约定;
3 GJB 5880　软件配置管理;
4 GB/T 1526　信息处理　数据流程图、程序流程图、系统流程图、程序网络图和系统资源图的文件编制符号及约定;
5 CNS 12680　质量管理与质量保证标准;
6 GB/T 8566　信息技术　软件生存周期过程;
7 GB/T 8567　计算机软件文档编制规范;
8 GB/T 9385　计算机软件需求规格说明规范;
9 GB/T 15532　计算机软件测试规范;
10 GB/T 9386　计算机软件测试文档编制规范。

4.7.2 提供的技术资料

对于部、省两级路网平台软件开发项目,开发过程中除源代码和可执行程序外一般应产生以下文件:

1 可行性研究报告;
2 项目开发计划;
3 软件需求说明书;
4 数据要求说明书;
5 概要设计说明书;
6 详细设计说明书;
7 数据库设计说明书;
8 用户手册;
9 操作手册;
10 模块开发卷宗;
11 测试计划;
12 测试分析报告。

5 联网及数据接口技术要求

5.1 组网方式

部、省两级路网平台之间的组网方式采用“公专结合”的原则，其带宽要求、备用链路等联网规范应满足本技术要求。路网监测点与省级路网平台之间，以及省际路网平台之间的组网方式可参考本技术要求。

5.1.1 主用链路

1 路网监测点的业务数据每路带宽至少为19.2kbit/s，视频数据带宽每路不大于4Mbit/s；

2 省级路网平台利用公网上传至部级路网平台的传输信道带宽不小于20Mbit/s，其中视频数据传输带宽每路不大于4Mbit/s；

3 远期可按照实际业务传输需求进行带宽增容；

4 主用链路中断的时间不应超过5min，否则应切换至备用链路。

5.1.2 备用链路

部级路网平台与省级路网平台之间应建立备用传输链路，备用链路可基于公网或专网的传输通道实现，其带宽不小于5Mbit/s。

主备用链路切换时间不应超过5min。

5.1.3 网络性能

传输网络性能相关指标上限值要求如下：

1 平均网络时延上限值为400ms；

2 平均抖动上限值为50ms；

3 丢包率上限值为1×10^{-3}；

4 错包率上限值为1×10^{-4}。

5.1.4 即时通信

为实现部、省两级路网平台进行实时会商与即时通信，省级路网中心应设置应急会商室并配备应急会商设备，其信息利用部、省两级路网平台间的主用链路或备用链路的信道进行传输。

为实现重特大公路交通突发事件的现场指挥调度，各省（自治区、直辖市）应利用公路应急通信车、多媒体移动采集设施及传输系统,依托公网、海事卫星等通信资源,实现部级路网平台、省级路网平台与现场工作组之间的数据、语音联络和视频会商功能。

5.2 传输内容

5.2.1 上传数据信息

5.2.1.1 国家级监测点向部、省两级路网平台上传数据

5.2.1.1.1 业务数据

1 交通运行参数:包括断面交通量(车辆数)(veh/h)、车辆类别(大/小)、地点速度(km/h)、时间平均速度(km/h)、收费站交通量*(含车辆出入收费站时间、地点和行驶里程、车型)等内容;

2 路网环境参数:包括能见度(m)、路面状态(路面是否有冰雪、路面是否潮湿、路面是否干燥)、风速*(m/s)、风向*(°)、降水量*(mm)、大气温度*(℃)、相对湿度*(%)、路面温度*(℃)等内容。

注:上述业务数据标注"*"的参数属于二级参数。

5.2.1.1.2 视频数据

国家级、省级路网监测点视频图像数据应全部汇聚于省级路网平台,并供省级路网平台调用。其中,国家级路网监测点视频图像应供部级路网平台选择调用,省级路网监测点视频图像数据可根据部路网平台的需要,通过省级路网平台供部级路网平台调用。

省级路网平台应具备同时上传至少4路图像至部级路网平台的功能。

省级路网中心监视大厅、会商室视频图像数据应通过省级路网平台供部级路网平台调用。

5.2.1.2 省级路网监测点向部、省两级路网平台上传数据

参考国家级路网监测点向部、省两级路网平台上传数据的内容和要求。

其中,省级路网监测点向部级路网平台上传的业务和数据应根据部级路网平台需要随时上传,部级路网平台不对省级路网监测点视频图像进行控制。

5.2.1.3 省级路网平台向部级路网平台上传数据

省级路网平台根据部级路网平台的需要,上传业务及视频数据,内容包括:

1 公路基础数据:公路基础数据上传内容按交通运输部相关规定执行。

2 应急资源数据:应急资源数据上传内容按交通运输部相关规定执行。

3 公路网运行信息:

1)路网环境信息:省级路网平台与各省气象、国土等部门共享的气象和地质等信息;

2)公路交通突发(阻断)事件信息:包括重特大公路交通突发事件、公路交通阻断信息,具体包括基本情况、处置情况、恢复情况等;

3)基础设施运行数据;

4)省级路网平台提取计算的省级公路网运行状态监测与服务指标数据;

5)其他信息:部级路网平台所需的其他信息。

5.2.2 下发数据信息

部级路网平台向省级路网平台下发的指令和信息包括：

1 对各省（自治区、直辖市）公路网的协调指令信息；

2 各省（自治区、直辖市）间需共享的公路网运行信息；

3 部级公路网运行状态监测与服务指标信息；

4 重特大突发事件的应急处置和交通组织指令、信息及执行反馈；

5 公路应急资源的调度、部署指令；

6 应急宣传信息发布指令；

7 应急情况下，国家级路网监测点遥控摄像机控制指令；

8 其他信息：部级路网平台下发的其他信息。

5.3 数据传输周期

公路基础数据、应急资源数据的传输周期应按交通运输部相关要求执行，公路网运行信息数据传输周期应满足以下要求。

5.3.1 上传数据周期

国家级路网监测点经省级路网平台上传至部级路网平台，以及省级路网平台上传至部级路网平台的数据传输周期要求见表5-1。

省级路网监测点及其他路网监测点上传至省级路网平台的数据传输周期可参考以下要求。

表5-1 数据上传周期

<table>
<tr><th>序号</th><th colspan="2">数据传输内容</th><th>数据传输时间（周期）</th><th>数据传输优先级</th></tr>
<tr><td rowspan="5">1</td><td rowspan="5">交通运行参数</td><td>断面交通量（车辆数）（veh/h）</td><td>不大于10min</td><td>中等优先级</td></tr>
<tr><td>车辆类别（大/小）</td><td>不大于10min</td><td>中等优先级</td></tr>
<tr><td>地点速度（km/h）</td><td>不大于10min</td><td>中等优先级</td></tr>
<tr><td>时间平均速度（km/h）</td><td>不大于10min</td><td>中等优先级</td></tr>
<tr><td>收费站交通量*
（含车辆出入收费站时间、出入收费站地点，车辆出入收费站行驶里程、车型）</td><td>不大于10min</td><td>一般优先级</td></tr>
<tr><td>2</td><td colspan="2">视频图像数据</td><td>实时</td><td>中等优先级</td></tr>
<tr><td rowspan="5">3</td><td rowspan="5">路网环境参数</td><td>能见度（m）</td><td>不大于10min</td><td>中等优先级</td></tr>
<tr><td>路面是否有冰雪</td><td>不大于10min</td><td>中等优先级</td></tr>
<tr><td>路面是否潮湿</td><td>不大于10min</td><td>中等优先级</td></tr>
<tr><td>路面是否干燥</td><td>不大于10min</td><td>中等优先级</td></tr>
<tr><td>气象、国土等部门共享信息</td><td>4～8h</td><td>中等优先级</td></tr>
</table>

续上表

<table>
<tr><th>序号</th><th colspan="2">数据传输内容</th><th>数据传输时间(周期)</th><th>数据传输优先级</th></tr>
<tr><td rowspan="6">3</td><td rowspan="6">路网环境参数</td><td>风速*(m/s)</td><td>不大于 10min</td><td>一般优先级</td></tr>
<tr><td>风向*(°)</td><td>不大于 10min</td><td>一般优先级</td></tr>
<tr><td>降水量*(mm)</td><td>不大于 10min</td><td>一般优先级</td></tr>
<tr><td>大气温度*(℃)</td><td>不大于 10min</td><td>一般优先级</td></tr>
<tr><td>相对湿度*(%)</td><td>不大于 10min</td><td>一般优先级</td></tr>
<tr><td>路面温度*(℃)</td><td>不大于 10min</td><td>一般优先级</td></tr>
<tr><td>4</td><td colspan="2">公路交通突发(阻断)事件信息</td><td>按相关制度执行</td><td>最高优先级</td></tr>
<tr><td>5</td><td colspan="2">基础设施运行参数</td><td>24h</td><td>中等优先级</td></tr>
<tr><td>6</td><td colspan="2">省级公路网运行状态监测与服务指标数据</td><td>4 ~ 8h</td><td>中等优先级</td></tr>
<tr><td>7</td><td colspan="2">部级路网平台所需的其他信息</td><td>发生时</td><td>一般优先级</td></tr>
</table>

注:本表中标注"*"的参数属于二级参数。

5.3.2　下发数据系统响应时间

部级路网平台向省级路网平台下发数据系统响应时间要求见表 5-2。

表 5-2　数据下发周期

序号	数据传输内容	系统响应时间	数据优先级
1	对省(自治区、直辖市)公路网的协调指令信息	5min	中等优先级
2	各省(自治区、直辖市)间需共享的公路网运行信息	5min	中等优先级
3	部级公路网运行状态监测与服务指标信息	5min	中等优先级
4	重特大突发事件的应急处置和指挥指令、信息及执行反馈等	2min	最高优先级
5	公路应急资源的调度、部署指令、执行反馈等	5min	最高优先级
6	应急宣传信息发布指令	5min	最高优先级
7	国家级路网监测点遥控摄像机控制指令	5s	最高优先级
8	部级路网平台下发的其他信息	5min	一般优先级

5.4　接入控制系统

接入控制系统主要实现部、省两级路网平台之间数据标准化的交互。

采取在部、省两级路网平台上设置"接入控制系统"的方式解决部级路网平台与省级路网平台之间业务数据、视频数据的格式一致性问题。

部、省两级路网平台之间采用一对多的方式进行接入控制系统布设,省级路网平台布设至少一套接入控制系统。根据省级路网平台的数据规模,部级路网平台设置相应的接入控制系统,与各省接入控制系统进行信息交互。

接入控制系统的布设方式如图 5-1 所示。

省级路网平台接入控制系统的详细功能和指标要求除应符合有关国家和行业标准

外,还应满足下列要求。

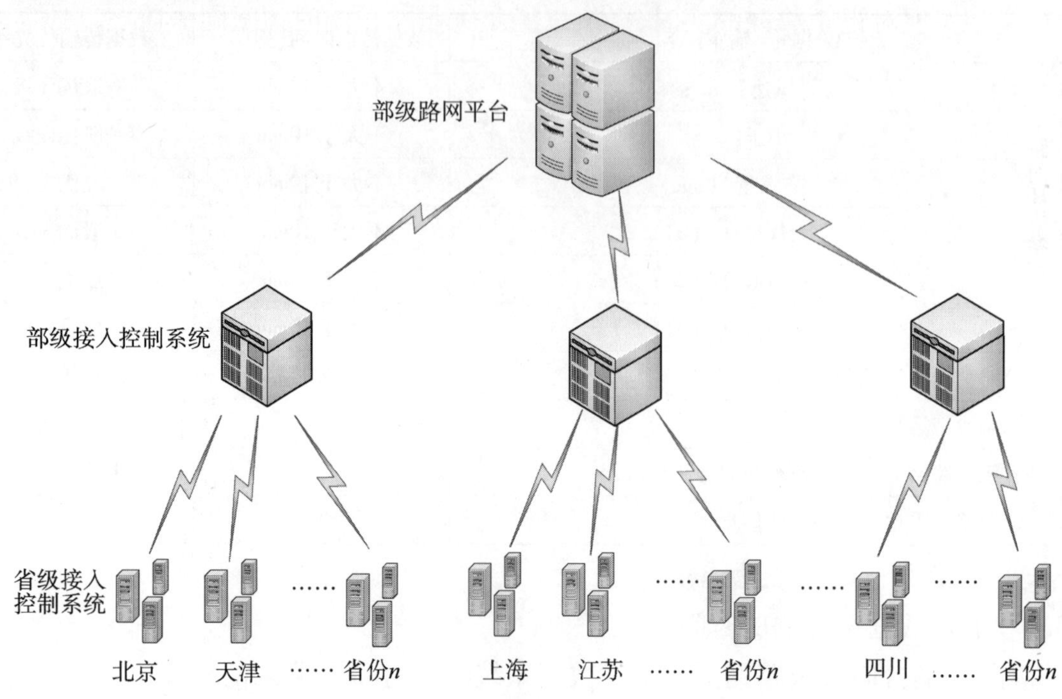

图 5-1 接入控制系统的布设方式

5.4.1 功能要求

接入控制系统配置需满足部、省两级路网平台的信息规模、管理粒度、业务扩展趋势等多层级互操作要求,可扩展,可实现平稳升级。

5.4.1.1 需满足的业务数据交换功能要求

1 可完成部、省两级路网平台间各类数据的无缝对接,能解决多个异构信息系统间的数据资源整合,实现信息的交互与共享;

2 其内部需配置多个适配器服务,可满足多种形式数据交换的操作需求;

3 可依据部级路网平台业务流程需求,通过预装多种形式的中间库实现定制化功能;

4 可在最小时间单位内完成各类数据交换;

5 可通过设备内安装配备的数据监控管理软件全程追踪数据的交换过程;

6 需实现部级路网平台对省级路网平台接入控制系统的远程控制、可寻址和远程维护等功能;

7 可控制上传视频信息的选择,控制协议符合相关规范要求;

8 实现与数据安全密码设备之间的接口功能。

5.4.1.2 需满足的视频数据交换功能要求

1 可无缝对接系统所在地的各种视频系统,具备对本地不少于 5 000 路接入视频数据的管理能力;

2 具备同时上传至少 4 路视频数据至上级路网平台的功能;

3　具备对各省级路网平台的互操作提供专用数据通道的能力；

4　能够实现对视频数据的实时分发，以满足大量用户同时访问同一监控点的需求；

5　对网络的时延、抖动、包错序、丢包等问题采取策略进行恢复和补偿，可调整数据流量，以适应网络带宽的变化。

5.4.2　数据交换接口要求

5.4.2.1　接入控制系统需满足的业务数据交换接口要求

各类公路网运行监测与服务信息的业务数据交换接口需支持4种不同的模式，包括中间库模式、XML文件格式、目录监测模式、Web服务模式等。

具体的信息交换格式参见附录E。

5.4.2.2　接入控制系统需满足的视频数据交换接口要求

1　采用IP网络进行互联，连接端口：RJ-45网络接口(100/1 000M自适应)；

2　通信协议、联网结构和联网协议等应满足相关行业标准规范的要求；

3　省级路网平台须提供满足设备注册与发现、实时视频图像获取、历史视频图像的获取和回放、视频监测设施的查询和控制要求的通信协议规范文档；

4　在通信协议中，对用到的设备、用户和图像资源等要明确说明其编码规则，以便使用；

5　传输的视频数据格式符合H.264/AVC标准的规定，支持隔行扫描，图像格式4:2:0，视频流不能包括B帧，不包括GMC，当分辨率为720×576时(25帧/s)，系统输出码流率小于等于4Mbit/s。

5.4.3　软硬件要求

5.4.3.1　软件要求

接入控制系统要求内置操作系统应为主流服务器版操作系统，数据库为主流数据库软件。

接入控制系统内置满足信息交换要求的多类应用软件：

1　可全程追踪信息的交换与传输过程的监控管理软件。

2　支持以下可直接使用的适配器，满足多种形式的信息交换需求，包括：

1)数据库适配器：实现多种数据库之间的数据同步更新；

2)文件适配器：用于对文件路径的监控，发现文件后读取并传送给被消费的服务，可实现对文件的输出、更名、移动、删除、复制等操作；

3)WebService适配器：支持WebService的常用协议，如SOAP、WSDL、WS-Security、UDDI等，并提供对WebService的全生命周期管理；

4)定时器适配器：实现按照指定的运行模式和时间表进行定时启动相关服务。

3　安全防护软件：用于消除电脑病毒、木马和恶意软件，可集成监控识别、病毒扫描和清除等功能。

4　时钟同步软件：用于与标准时钟源进行时钟同步。

5 中间件:用于实现接入控制系统之间的信息交换与消息的应答。

5.4.3.2 硬件要求

1 机架式服务器,服务器规格≤4U。

2 计算能力不小于200 000 tpmC。

3 存储:

1)硬盘最大支持8块及以上,支持热插拔,配置容量不小于800GB,最大支持10TB及以上,支持RAID0/1/5;

2)DVD-ROM。

4 端口:

1)2×RJ-45网络接口(100/1 000M自适应);

2)支持USB 2.0端口,串行接口,数量按需配置。

5 双热插拔电源,实现电源冗余。

6 MTBF≥10 000h。

5.4.4 安全要求

1 设备自身不允许开放高危服务端口,如Telnet(23);

2 系统自身不存在中级和高危级别的漏洞;

3 对于高危操作,具有实时告警功能;

4 信息交换过程中应采用数字证书认证技术进行签名。

5.4.5 技术规格及指标要求

1 要求满足7×24h运转;

2 响应时间:实时响应,并发服务响应时间<1min,数据的发送和接收时延最大不超过10min;

3 数据更新周期<1min;

4 数据采样周期:5min~1h,可依据需求作相应调节;

5 控制信息发送物理接口:采用网口或串口。

5.5 IP地址规划

适用于部、省两级路网平台(除通过互联网方式联网传输以外)进行IP地址规划,省级以下路网平台地址由各省参照以下原则统一规划。

IP地址使用统一的IP地址段,××.0.0.0~××.255.255.255,××为所在省份行政区划代码。例如,北京市使用11.0.0.0~11.255.255.255地址段,河北省使用13.0.0.0~13.255.255.255地址段。

在以上地址范围内,国省干线公路使用××.2.0.0~××.63.255.255地址段,高速公路使用××.64.0.0~××.127.255.255地址段,××.128.0.0~××.255.255.255

地址段作为预留。

部路网中心使用10.254.0.0~10.254.10.255和10.255.221.0~10.255.221.39地址段。

部级路网平台和省级路网平台具体IP规划见表5-3。

表5-3　IP地址分配规划表

名　称	类　型	IP地址段
交通运输部路网中心	广域网地址	10.255.221.0~10.255.221.39
交通运输部路网中心	局域网地址	10.254.0.0~10.254.10.255
北京市路网中心	广域网地址	11.0.0.0~11.0.0.255
北京市路网中心	局域网地址	11.0.1.0~11.1.255.255
天津市路网中心	广域网地址	12.0.0.0~12.0.0.255
天津市路网中心	局域网地址	12.0.1.0~12.1.255.255
河北省路网中心	广域网地址	13.0.0.0~13.0.0.255
河北省路网中心	局域网地址	13.0.1.0~13.1.255.255
山西省路网中心	广域网地址	14.0.0.0~14.0.0.255
山西省路网中心	局域网地址	14.0.1.0~14.1.255.255
内蒙古自治区路网中心	广域网地址	15.0.0.0~15.0.0.255
内蒙古自治区路网中心	局域网地址	15.0.1.0~15.1.255.255
辽宁省路网中心	广域网地址	21.0.0.0~21.0.0.255
辽宁省路网中心	局域网地址	21.0.1.0~21.1.255.255
吉林省路网中心	广域网地址	22.0.0.0~22.0.0.255
吉林省路网中心	局域网地址	22.0.1.0~22.1.255.255
黑龙江省路网中心	广域网地址	23.0.0.0~23.0.0.255
黑龙江省路网中心	局域网地址	23.0.1.0~33.1.255.255
上海市路网中心	广域网地址	31.0.0.0~31.0.0.255
上海市路网中心	局域网地址	31.0.1.0~31.1.255.255
江苏省路网中心	广域网地址	32.0.0.0~32.0.0.255
江苏省路网中心	局域网地址	32.0.1.0~32.1.255.255
浙江省路网中心	广域网地址	33.0.0.0~33.0.0.255
浙江省路网中心	局域网地址	33.0.1.0~33.1.255.255
安徽省路网中心	广域网地址	34.0.0.0~34.0.0.255
安徽省路网中心	局域网地址	34.0.1.0~34.1.255.255
福建省路网中心	广域网地址	35.0.0.0~35.0.0.255
福建省路网中心	局域网地址	35.0.1.0~35.1.255.255

续上表

名　称	类　型	IP 地址段
江西省路网中心	广域网地址	36.0.0.0 ~ 36.0.0.255
江西省路网中心	局域网地址	36.0.1.0 ~ 36.1.255.255
山东省路网中心	广域网地址	37.0.0.0 ~ 37.0.0.255
山东省路网中心	局域网地址	37.0.1.0 ~ 37.1.255.255
河南省路网中心	广域网地址	41.0.0.0 ~ 41.0.0.255
河南省路网中心	局域网地址	41.0.1.0 ~ 41.1.255.255
湖北省路网中心	广域网地址	42.0.0.0 ~ 42.0.0.255
湖北省路网中心	局域网地址	42.0.1.0 ~ 42.1.255.255
湖南省路网中心	广域网地址	43.0.0.0 ~ 43.0.0.255
湖南省路网中心	局域网地址	43.0.1.0 ~ 43.1.255.255
广东省路网中心	广域网地址	44.0.0.0 ~ 44.0.0.255
广东省路网中心	局域网地址	44.0.1.0 ~ 44.1.255.255
广西壮族自治区路网中心	广域网地址	45.0.0.0 ~ 45.0.0.255
广西壮族自治区路网中心	局域网地址	45.0.1.0 ~ 45.1.255.255
海南省路网中心	广域网地址	46.0.0.0 ~ 46.0.0.255
海南省路网中心	局域网地址	46.0.1.0 ~ 46.1.255.255
重庆市路网中心	广域网地址	50.0.0.0 ~ 50.0.0.255
重庆市路网中心	局域网地址	50.0.1.0 ~ 50.1.255.255
四川省路网中心	广域网地址	51.0.0.0 ~ 51.0.0.255
四川省路网中心	局域网地址	51.0.1.0 ~ 51.1.255.255
贵州省路网中心	广域网地址	52.0.0.0 ~ 52.0.0.255
贵州省路网中心	局域网地址	52.0.1.0 ~ 12.1.255.255
云南省路网中心	广域网地址	53.0.0.0 ~ 53.0.0.255
云南省路网中心	局域网地址	53.0.1.0 ~ 53.1.255.255
西藏自治区路网中心	广域网地址	54.0.0.0 ~ 54.0.0.255
西藏自治区路网中心	局域网地址	54.0.1.0 ~ 54.1.255.255
陕西省路网中心	广域网地址	61.0.0.0 ~ 61.0.0.255
陕西省路网中心	局域网地址	61.0.1.0 ~ 61.1.255.255
甘肃省路网中心	广域网地址	62.0.0.0 ~ 62.0.0.255
甘肃省路网中心	局域网地址	62.0.1.0 ~ 62.1.255.255
青海省路网中心	广域网地址	63.0.0.0 ~ 63.0.0.255

续上表

名　称	类　型	IP 地址段
青海省路网中心	局域网地址	63.0.1.0～63.1.255.255
宁夏回族自治区路网中心	广域网地址	64.0.0.0～64.0.0.255
宁夏回族自治区路网中心	局域网地址	64.0.1.0～64.1.255.255
新疆维吾尔自治区路网中心	广域网地址	65.0.0.0～65.0.0.255
新疆维吾尔自治区路网中心	局域网地址	65.0.1.0～65.1.255.255
新疆生产建设兵团路网中心	广域网地址	66.0.0.0～66.0.0.255
新疆生产建设兵团路网中心	局域网地址	66.0.1.0～66.1.255.255
香港特别行政区路网中心	广域网地址	81.0.0.0～81.0.0.255
香港特别行政区路网中心	局域网地址	81.0.1.0～81.1.255.255
澳门特别行政区路网中心	广域网地址	82.0.0.0～91.0.0.255
澳门特别行政区路网中心	局域网地址	82.0.1.0～91.1.255.255
台湾省路网中心	广域网地址	71.0.0.0～71.0.0.255
台湾省路网中心	局域网地址	71.0.1.0～71.1.255.255

注：每省剩余 IP 地址作为预留，由各省级路网平台统一规划、回收、利用。

6　公路出行信息发布技术要求

6.1　公路出行信息服务总体要求

公路出行信息服务应满足以下总体要求：

1　公路出行信息服务应与公路网运行管理工作紧密结合，按照“以管理推动服务，以服务促进管理”的思路，建立长效工作机制；

2　公路出行信息可通过出行服务网站、交通服务热线、广播电视、车载终端、移动终端、公路沿线信息发布设施等多种手段发布；

3　公路出行信息发布内容应满足社会公众对“出行前”和“出行中”不同阶段的需求。

6.2　公路出行信息服务内容

6.2.1　公路基础信息

该信息以方便出行者熟悉出行线路的几何结构和出行环境为目的，保证出行的顺畅和便利的公路条件。具体内容包括：

1　公路基础信息

包含公路的路线名称、路线编号、位置、路线示意图、公路等级、车道数、衔接公路名称等。

2　特殊构造物信息

包含复杂互通立交的位置，互通立交桥区的车辆行驶路线示意图，各级公路上出入口、桥梁、隧道的位置信息等。

6.2.2　服务设施信息

该信息向驾驶员提供服务设施地址、服务内容、辅助支持等。具体内容包括：

1　高速公路收费站信息

主要提供收费站收费方式、收费标准、车型划分标准等信息。

2　服务区信息

提供到达服务区的行程时间，服务区排队长度，提供的服务内容以及相应的收费标准等。

3　停车场信息

提供沿线停车场营业时间和收费情况，到达停车场路线信息等。

4　辅助服务信息

包括沿线加油站的燃油种类、收费标准等；车辆维修站、检测站的等级、规模、经营项目、主修车型和联系电话等；住宿餐饮价格、预订和联系电话等；旅游景点介绍、价格和联系电话等。

6.2.3　出行规划信息

该信息根据出行者具体出行要求，向出行者提供出行方式、出行路径等信息。

1　可选出行方式

提供从出发地到目的地可以采用的出行方式，如全程自驾小汽车、自驾与其他交通方式相结合等。

2　可选出行路径

提供两点或多点之间的较优路径（基于时间、距离、自费较优或综合较优等因素）及备选路径方案信息。

6.2.4　交通运行状态信息

交通运行状态信息包括交通流、交通阻断和拥堵等信息，为驾驶员选择合适的出行路线提供支持。具体内容包括：

1　交通流信息

提供路网实时交通流数据，包括交通量、速度等；提供路网交通流量、行程时间等预测信息。

2　交通阻断和拥堵信息

提供交通阻断或拥堵的路线名称、具体位置、具体原因、排队情况、行车速度以及现场图片等信息。

6.2.5　公路突发事件信息

该信息提供有关公路突发事件的各类信息，为安全出行提供服务支持。

1　突发事件信息

主要包括事件原因、影响路段、公路受损及通行影响情况等信息。

2　突发事件处置信息

向出行者提供突发事件处理情况、交通管制措施以及预计恢复时间等信息，为驾驶员选择合理绕行路线提供支持。

6.2.6　施工养护信息

该信息提供公路施工养护相关信息，为出行者提供出行参考。

1　公路施工养护信息

包含近期计划实施施工养护路段的路线编号、路线名称、施工路段起止点、预计工期，以及交通组织措施、安全措施等信息。

2　通行限制或封闭信息

提供因施工养护采取交通管制路段的限行或封闭信息，包括限行原因、限行时间、限制行车速度、限制通行车种、安全车距等信息。

6.2.7　公路环境信息

该信息提供公路气象、行车环境等信息，为安全出行提供服务支持。

1　实时公路气象信息

提供沿途实时的温度、湿度、风速、冰、雪、雨、雾等天气状况信息。

2　公路气象预报信息

提供未来一段时间出行区域的公路气象预报信息。

3　公路气象预警信息

提供未来一段时间受恶劣天气影响路段的预警信息。

6.2.8　应急救援信息

该信息提供公路应急救援相关机构的信息，如事故处理、路政管理、拖车服务、车辆救援、医疗急救、消防等机构的联系方式、业务范围、服务方式、具体地点及所在地区等；提供应急自救知识信息，提高出行者的应急自救能力。

6.2.9　交通政务及辅助信息

该信息提供公路交通法律法规、公路交通行业政策等交通政务及辅助信息。

6.2.10　其他信息

除以上信息外，各级公路交通管理部门可以根据各自掌握的公路出行情况提供相应的信息服务。

6.3　公路出行信息服务发布要求

6.3.1　时效性要求

公路出行信息的发布时效要求，主要指从信息获取到正式发布的基本时效要求，具体要求如表6-1所示。

表6-1　信息发布基本时效要求

序　号	信息内容	基本时效要求
1	公路基础信息	不定期
2	服务设施信息	不定期
3	出行规划信息	不定期
4	交通运行状态信息	≤1h

续上表

序　号	信息内容	基本时效要求
5	公路突发事件信息	≤2h
6	施工养护信息	≤1d
7	公路环境信息	≤1d
8	应急救援信息	≤1h
9	交通政务及辅助信息	不定期

6.3.2　指标性要求

公路出行服务信息发布的指标应与公路网运行状态监测与服务指标中有关指标要求保持相关性,突出出行服务简单、直观、易懂的服务特点。

交通运行状态信息发布拥挤情况时可按照拥堵、缓慢、畅通三个指标级别发布,或可按照对应的红、黄、绿三种颜色发布可视化指标。上述三个指标应对应拥挤度中相应的等级。

6.3.3　服务性要求

要充分满足出行者大众化、普适性的服务需求,充分体现信息发布的公共性服务特点。

6.4　公路出行信息服务发布方式

公路交通出行信息的发布,可通过公路沿线信息发布设施、公路出行服务网站、交通服务热线、广播电视、车载终端、移动终端等多种方式实现。

6.4.1　公路出行服务网站

公路出行服务网站应具有强大的信息查询功能,各类用户可随时进行公路出行信息的查询。网站应提供图形化界面,展示公路出入口、收费站、服务区等位置信息,以及实时交通运行状态、气象预报预警信息等即时信息,以便出行者快速、全面、直观地掌握所需出行信息,方便选择出行方式和安排出行计划。

公路出行信息服务网站技术要求如下:

1　处理能力应达到第90百分位的系统高峰访问需求;

2　网站应不宕机、不停机,实时可用;

3　网站应保证7×24h连续可用;

4　查询反馈时间应满足简单查询小于30s,复杂查询小于1min;

5　网页查询出错类别和统计数量出错率小于0.1%。

6.4.2　可变情报板

在重要公路节点可设立可变情报板，向途经公路沿线的出行者提供实时交通状态、突发事件、交通管控、交通气象以及施工占道、交通宣传、违法提示、公告公示等出行服务信息。其中，国家级路网监测点应设立可变情报板。

可变情报板可通过文字、图形、图像等多种方式发布信息，并宜采用地图板式可变情报板发布图文结合的出行服务信息。

省级路网平台须具备控制辖区内可变情报板信息发布的功能，并应实时监控可变情报板发布信息的内容和时间等。在发生重大突发事件的情况下，部级路网平台须具备下达可变情报板信息发布指令并获得执行反馈的功能。

可变情报板不应发布与公路出行信息服务无关的信息。

6.4.3 交通服务热线

各省（自治区、直辖市）交通运输主管部门、公路管理机构应设立省域范围统一的交通服务热线，开展人工与语音热线服务，通过热线电话查询，受理出行者的咨询与投诉。

6.4.4 广播电视

应与各级广播电视管理部门建立合作机制，通过发布新闻通稿、定期连线或现场采访的方式发布公路出行信息。在发生重大公路突发事件时，应积极通过广播、电视及时发布事件进展情况，正确引导公路交通运行。

6.4.5 信息亭

通过设立在高速公路服务区、客运站点的集多媒体计算机、触摸屏、显示器于一体的信息亭，发布所在地及区域的公路出行服务信息。

6.4.6 手机短信

通过与电信运营商、短信运营商的合作，向社会公众提供公路出行信息手机短信服务，采取短信定制、小区短信等服务模式，将不同类别的公路出行信息提供给出行者。

6.4.7 车载/移动终端

通过车路间数据通信交互方式，将公路出行信息发布到车载/移动终端设备上，利用车载/移动终端图文模式展示动静态出行信息，提供路径规划、实时交通运行状态、维修救援、公路气象等服务信息。

6.4.8 出行宣传册

针对宣传性较强或特定公路出行信息服务内容，可通过印制公路出行宣传册的方式，在高速公路服务区、收费站以及火车站、机场、长途客运站等旅客集散地进行发放。出行宣传册应以免费方式发放。

6.4.9　其他发布方式

探索尝试利用现代化的移动网络终端等人机交互设备作为公路出行信息发布方式，面向个性化、高端化需求，实现公路出行信息定制化服务。

7 系统安全技术与检测要求

7.1 系统安全建设总体要求

7.1.1 总体要求

公路网运行监测与服务系统应具备较强的安全保护能力。部、省两级路网平台、相关支撑系统以及国家级路网监测点的信息系统安全须满足以下要求：

1 公路网运行监测与服务系统的安全性设计与建设应保证系统结构完整，安全要素全面覆盖；

2 部级路网平台及其支撑系统建设应符合国标《信息安全技术 信息系统安全等级保护基本要求》(GB/T 22239)中二级安全等级保护相关标准和规范要求；

3 省级路网平台及其支撑系统建设应参照国标《信息安全技术 信息系统安全等级保护基本要求》(GB/T 22239)中安全等级保护相关标准和规范要求，以及部级路网平台及其支撑系统的安全要求执行；

4 部、省两级路网平台以及国家级重要监测点之间信息交互应采用行业统一的密钥安全认证服务体系进行保护，确保交互数据的真实性和抗抵赖性，其他级别路网平台及监测点之间信息交互可参考本技术要求；

5 在保证关键技术实现的前提下，尽可能采用成熟产品，保证系统的可用性及工程实施的便捷性；

6 在建设各级路网平台、支撑系统及监测点安全体系时，可根据信息系统的具体特点，适当调整部分安全要素要求。

7.1.2 基本框架

依据国标《信息安全技术 信息系统安全等级保护基本要求》(GB/T 22239)及公路网运行监测与服务系统的实际需求，将系统的安全体系划分为部、省级路网平台及其支撑系统的信息系统安全和路网监测点设施的信息系统安全。

部、省两级路网平台及其支撑系统应在统一安全策略下建立防护系统，以免受来自外部有组织的团体、拥有较丰富资源的威胁源发起的恶意攻击、较为严重的自然灾难，以及其他相当危害程度的威胁所造成的主要资源损害，能够发现安全漏洞和安全事件，在系统遭到损害后，能够较快恢复绝大部分功能。公路网运行信息的交互安全性应采用证书认证技术加以保障。

国家级路网监测点应能够防护一般的自然灾难，在系统遭到损害后，能够在一段时间内恢复部分功能。公路网运行信息的传输安全性应采用证书认证技术加以保障。

公路网运行监测与服务系统信息安全框架图如图 7-1 所示。

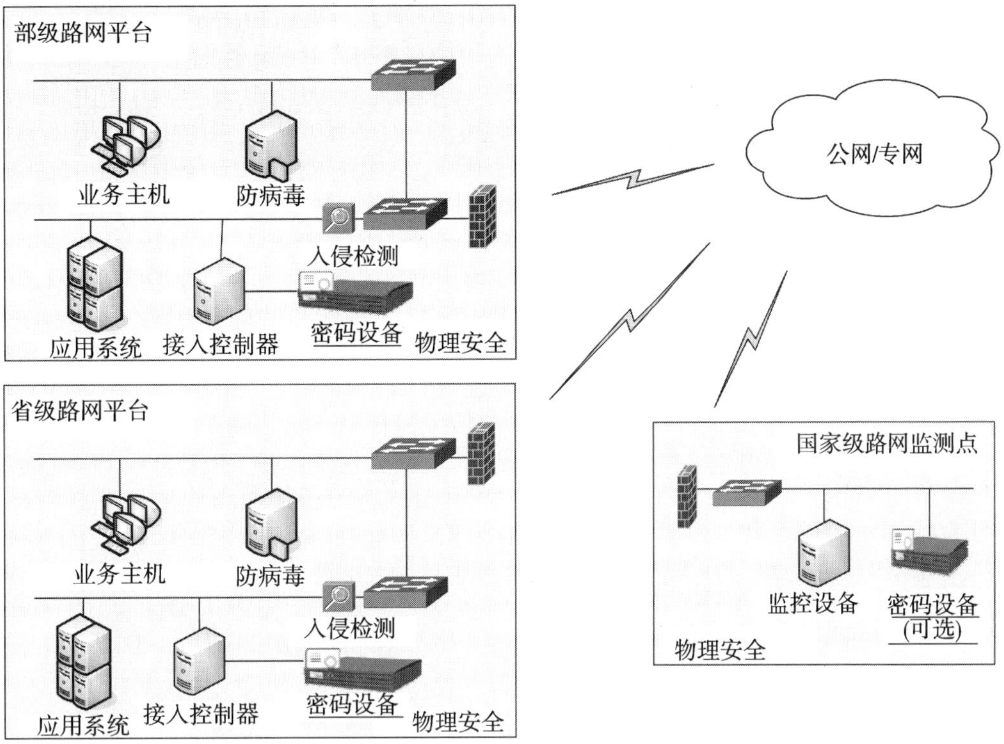

图 7-1　公路网运行监测与服务系统信息安全框架图

7.2　部级路网平台及其支撑系统安全要求

7.2.1　技术要求

7.2.1.1　物理安全

7.2.1.1.1　物理位置的选择

机房场地选择应满足：

1　基本要求：机房和办公场地应选择在具有防震、防风和防雨等能力的建筑内，机房场地应避免设在用水设备的下层或隔壁；

2　防火要求：避开易发生火灾和危险程度高的地区，如油库和其他易燃物附近的区域；

3　防污染要求：避开尘埃、有毒气体、腐蚀性气体、盐雾腐蚀等环境污染的区域；

4　防潮及防雷要求：避开低洼、潮湿及落雷区域；

5　防震动和噪声要求：避开强震动源和强噪声源区域；

6　防强电场、磁场要求：避开强电场和强磁场区域；

7　防地震、水灾要求：避开有地震、水灾危害的区域；

8　防公众干扰要求：避免靠近公共区域，如运输通道、停车场或餐厅等。

7.2.1.1.2　物理访问控制

机房内部防护要求应满足：

1 机房出入口应安排专人值守,控制、鉴别和记录进入的人员;

2 进入机房的来访人员应经过申请和审批流程,并限制和监控其活动范围;

3 没有管理人员的明确准许,任何记录介质、文件材料及各种被保护品均不准带出机房,磁铁、私人电子计算机或电设备、食品及饮料、香烟、吸烟用具等均不准带入机房。

7.2.1.1.3 防盗窃和防破坏

机房防盗窃、防破坏应满足:

1 将主要设备放置在机房内;

2 将设备或主要部件进行固定,并设置明显的不易除去的标记;

3 将通信线缆铺设在隐蔽处,可铺设在地下或管道中;

4 对介质分类标识,存储在介质库或档案室中;

5 主机房应安装必要的防盗报警设施。

7.2.1.1.4 防雷击

机房防雷击应满足:

1 应设置避雷装置等有效防雷措施;

2 应设置接地装置等有效接地措施。

7.2.1.1.5 防火

机房应设置灭火设备和火灾自动报警系统。

7.2.1.1.6 防水和防潮

机房防水、防潮应满足:

1 水管安装不得穿过机房屋顶和活动地板下;

2 采取措施防止雨水通过机房窗户、屋顶和墙壁渗透;

3 采取措施防止机房内水蒸气结露和地下积水的转移与渗透。

7.2.1.1.7 防静电

机房关键设备应采用必要的接地防静电措施。

7.2.1.1.8 温湿度控制

机房应设置温、湿度自动调节设施,使机房温、湿度的变化在设备运行所允许的范围之内。

7.2.1.1.9 电力供应

机房供电应满足:

1 在机房供电线路上配置稳压器和过电压防护设备;

2 提供短期的备用电力供应,预留柴油发电机接口,满足关键设备在断电情况下的正常运行要求。

7.2.1.1.10 电磁防护

机房电源线和通信线缆应隔离铺设,避免互相干扰。

7.2.1.2 网络安全

7.2.1.2.1 结构安全

网络结构设计应满足:

1　保证关键网络设备的业务处理能力具备冗余空间，满足业务高峰期需要；

2　保证接入网络和核心网络的带宽满足业务高峰期需要；

3　绘制与当前运行情况相符的网络拓扑结构图；

4　根据各部门的工作职能、重要性和所涉及信息重要程度，划分不同的子网或网段，并按照方便管理和控制的原则为各子网、网段分配地址段。

7.2.1.2.2　访问控制

通过在系统区域边界部署防火墙或其他访问控制设备，并通过访问控制策略，实现边界协议过滤。访问控制设备需具备以下功能：

1　能根据会话状态信息为数据流提供明确的允许/拒绝访问的能力，控制粒度为网段级；

2　按用户和系统之间的允许访问规则，决定允许或拒绝用户对受控系统进行资源访问，控制粒度为单个用户。

7.2.1.2.3　安全审计

通过部署网络审计系统或使用安全网络设备等，收集、记录网络的相关安全事件。网络审计系统需具备以下功能：

1　对网络系统的网络设备运行状况、网络流量、用户行为等进行日志记录；

2　审计记录应包括事件的日期和时间、用户、事件类型、事件是否成功及其他与审计相关的信息。

7.2.1.2.4　边界完整性防护

通过在边界部署检测设备实现探测非法外联和入侵等行为，完成对边界的完整性保护。检测设备需具备以下功能：

1　能通过监视端口扫描强力攻击、木马后门攻击、拒绝服务攻击、缓冲区溢出攻击、IP 碎片攻击和网络蠕虫攻击等攻击行为；

2　能检测内部网络中用户私自连接到外部网络的行为。

7.2.1.2.5　网络设备防护

网络设备防护应满足：

1　对登录网络设备的用户进行身份鉴别；

2　对网络设备的管理员登录地址进行限制；

3　网络设备用户的标识应唯一；

4　身份鉴别信息应具有不易被冒用的特点，口令应有复杂度要求并定期更换；

5　具有登录失败处理功能，可采取结束会话、限制非法登录次数和当网络登录连接超时自动退出等措施；

6　当对网络设备进行远程管理时，应采取必要措施防止鉴别信息在网络传输过程中被窃听。

7.2.1.3　主机安全

7.2.1.3.1　身份鉴别

通过使用符合信息安全等级保护要求的安全操作系统或相应的系统加固软件实现用

户身份鉴别,安全操作系统或系统加固软件需具备以下功能:

1 对登录操作系统和数据库系统的用户进行身份标识和鉴别,宜支持数字证书进行身份认证;

2 操作系统和数据库系统管理用户身份标识应具有不易被冒用的特点,口令应有复杂度要求并定期更换;

3 启用登录失败处理功能,可采取结束会话、限制非法登录次数和自动退出等措施;

4 对服务器进行远程管理时,应采取必要措施,防止鉴别信息在网络传输过程中被窃听;

5 为操作系统和数据库系统的不同用户分配不同的用户名,确保用户名具有唯一性。

7.2.1.3.2 访问控制

通过使用符合信息安全等级保护要求的安全操作系统或相应的系统加固软件,并结合安全策略需求实现自主访问控制安全要求。安全操作系统或系统加固软件需具备以下功能:

1 依据安全策略控制用户对资源的访问;

2 实现操作系统和数据库系统特权用户的权限分离;

3 限制默认账户的访问权限,重命名系统默认账户,修改这些账户的默认口令;

4 及时删除多余的、过期的账户,避免共享账户的存在。

7.2.1.3.3 安全审计

通过部署安全审计系统,收集、记录业务主机的相关安全事件。业务主机的审计系统需具备以下功能:

1 审计范围覆盖服务器上的每个操作系统用户和数据库用户;

2 审计内容包括重要用户行为、系统资源的异常使用和重要系统命令的使用等系统内重要的安全相关事件;

3 审计记录包括事件的日期、时间、类型、主体标识、客体标识和结果等;

4 保护审计记录,避免受到未预期的删除、修改或覆盖等。

7.2.1.3.4 入侵防范

业务主机的操作系统应遵循最小安装的原则,仅安装需要的组件和应用程序,并通过设置升级服务器等方式保持系统补丁及时得到更新。

7.2.1.3.5 恶意代码防范

通过部署防病毒系统或配置具有相应功能的安全操作系统,实现业务主机的病毒防护以及恶意代码防范。病毒防护系统需具备以下功能:

1 远程控制与管理;

2 全网查杀毒;

3 防毒策略的定制与分发;

4 实时监控客户端防毒状况;

5 病毒与事件报警;

6　病毒日志查询与统计；

7　集中式授权管理；

8　全面监控邮件客户端。

7.2.1.3.6　资源控制

1　通过设定终端接入方式、网络地址范围等条件限制终端登录；

2　限制单个用户对系统资源的最大或最小使用限度。

7.2.1.4　应用安全

7.2.1.4.1　身份鉴别

通过开发独立的身份鉴别功能模块或使用符合信息安全等级保护要求的其他系统防护软件实现系统身份鉴别，身份鉴别功能模块或系统防护软件需具备以下功能：

1　提供专用的登录控制模块对登录用户进行身份标识和鉴别；

2　提供用户身份标识唯一和鉴别信息复杂度检查功能，保证应用系统中不存在重复用户身份标识，身份鉴别信息不易被冒用；

3　提供登录失败处理功能，可采取结束会话、限制非法登录次数和自动退出等措施；

4　启用身份鉴别、用户身份标识唯一性检查，启用用户身份鉴别信息复杂度检查以及登录失败处理功能，并根据安全策略配置相关参数。

7.2.1.4.2　访问控制

访问控制是使用户在安全策略控制范围内，对创建的客体分配各种访问操作权限，并能通过权限管理，严格控制客体的操作行为。

通过开发独立的授权访问控制功能模块或使用符合信息安全保护要求的系统防护软件进行系统加固实现授权访问控制安全要求。授权访问控制功能模块或系统防护软件需具备以下功能：

1　提供访问控制功能，依据安全策略控制用户对文件、数据库表等客体的访问；

2　访问控制的覆盖范围应包括与资源访问相关的主体、客体及它们之间的操作；

3　由授权主体，即专职管理员配置访问控制策略，并严格限制默认账户的访问权限；

4　授予不同账户为完成各自承担任务所需的最小权限，并在它们之间形成相互制约的关系。

7.2.1.4.3　安全审计

通过开发独立的审计功能模块或部署审计系统，探测、记录、相关安全事件，实现系统安全审计。审计系统需具备以下功能：

1　提供覆盖每个用户的安全审计功能，对应用系统重要安全事件进行审计；

2　保证无法单独中断审计进程，无法删除、修改或覆盖审计记录；

3　审计记录的内容至少应包括事件的日期、时间、发起者信息、类型、描述和结果等。

7.2.1.4.4　通信完整性

应采用校验码技术保证通信过程中数据的完整性。

7.2.1.4.5　通信保密性

1　通信双方建立连接之前，应用系统应利用密码技术进行会话初始化验证；

2　对通信过程中的敏感信息字段进行加密。

7.2.1.4.6　抗抵赖

抗抵赖指部级路网平台与省级路网平台之间的上传下达数据的安全保障。

通过部署在省、部级路网平台的密码设备，依托行业统一的证书认证体系，实现对交互数据的数字签名，确保交互数据的真实性和抗抵赖性。

1　数字签名机制

系统参与者应对发出的业务报文加编数字签名，对接收的加签业务报文核数字签名。加、核数字签名的规则如下：

1）数字签名编制标准：信息发送数据包即签名要素串；使用业务发送方的数字证书（私钥）对签名要素串签名，签名的校验算法使用 MD5WithRSA 算法；将签名值使用 BASE64 转码后填写到报文的数字签名域。

2）数字签名核验标准：信息交互报文使用不带原文的数字签名（PKCS#7，Detach 签名）。核验该数字签名，按报文格式标准中的加签要素组织签名要素串；使用该公钥、签名要素串、数字签名，核验数字签名的合法性，应使用证书注销列表文件（CRL）检查证书是否已被注销；核验通过后，各接收参与机构应存储业务及其签名备查。

为验证签名者证书的有效性，行业密钥管理与安全认证中心负责定期发布 CRL 更新列表，系统参与者自行导入系统，并以 CRL 列表为准核验数字证书的合法性。

2　数字证书与系统参与者绑定

行业密钥管理与安全认证中心负责编制业务签名的数字证书，以系统参与者为单位申请和使用，系统参与者向行业密钥管理与安全认证中心申请并领取证书后，行业密钥管理与安全认证中心将通报全部系统参与者。

系统参与者成功申请并导入数字证书后才可以发起业务报文，其他系统参与者接收到业务报文时需验证数字证书和数字签名的合法性。

7.2.1.4.7　软件容错

1　提供数据有效性检验功能，保证通过人机接口输入或通过通信接口输入的数据格式或长度符合系统设定要求；

2　在故障发生时，应用系统应能够继续提供一部分功能，确保能够实施必要的措施。

7.2.1.4.8　资源控制

1　当应用系统通信双方中的一方在一段时间内未作任何响应时，另一方应能够自动结束会话；

2　能够对系统的最大并发会话连接数进行限制；

3　能够对单个账户的多重并发会话进行限制。

7.2.1.5　数据安全及备份恢复

7.2.1.5.1　数据完整性

通过密码技术支持的完整性保护机制和数据备份系统，共同实现用户数据完整性保护。密码技术支持的完整性保护机制需具备能够检测到系统管理数据、鉴别信息和涉密业务数据在传输、存储过程中完整性受到破坏，并在检测到完整性错误时采取必要的恢复措施的功能。

7.2.1.5.2　数据保密性

采用加密或其他有效措施实现系统管理数据、鉴别信息和涉密业务数据传输、存储的保密性。

7.2.1.5.3　备份和恢复

1　提供本地数据备份与恢复功能，完全数据备份至少每天一次，备份介质场外存放；

2　提供异地数据备份功能，利用通信网络将关键数据定时批量传送至备用场地；

3　采用冗余技术设计网络拓扑结构，避免关键节点存在单点故障；

4　提供主要网络设备、通信线路和数据处理系统的硬件冗余，保证系统的高可用性。

7.2.2　安全管理要求

7.2.2.1　安全管理制度

7.2.2.1.1　管理制度

1　制定信息安全工作的总体方针和安全策略，说明机构安全工作的总体目标、范围、原则和安全框架等；

2　对安全管理活动中重要的管理内容建立安全管理制度；

3　对安全管理人员或操作人员执行的重要管理操作建立操作规程。

7.2.2.1.2　制定和发布

1　指定或授权专门的部门或人员负责安全管理制度的制定；

2　组织相关人员对制定的安全管理制度进行论证和审定；

3　将安全管理制度以某种方式发布到相关人员手中。

7.2.2.1.3　评审和修订

定期对安全管理制度进行评审，对存在不足或需要改进的安全管理制度进行修订。

7.2.2.2　安全管理机构

7.2.2.2.1　岗位设置

1　设立安全主管、安全管理等方面的负责人岗位，并确定各负责人的职责；

2　设立系统管理员、网络管理员、安全管理员等岗位，并确定各工作岗位的职责。

7.2.2.2.2　人员配备

1　配备一定数量的系统管理员、网络管理员、安全管理员等；

2　安全管理员不能兼任网络管理员、系统管理员、数据库管理员等。

7.2.2.2.3　授权和审批

1　根据各个部门和岗位的职责明确授权审批部门及批准人，对系统投入运行、网络系统接入和重要资源的访问等关键活动进行审批；

2　针对关键活动建立审批流程，并由批准人签字确认。

7.2.2.2.4　审核和检查

安全管理员应负责定期进行安全检查，检查内容包括系统日常运行、系统漏洞和数据备份等情况。

7.2.2.3 人员安全管理

7.2.2.3.1 人员录用

1 指定或授权专门的部门或人员负责人员录用;

2 规范人员录用过程,对被录用人员的身份、背景和专业资格等进行审查,对其所具有的技术技能进行考核;

3 与从事关键岗位的人员签署保密协议。

7.2.2.3.2 人员离岗

1 规范人员离岗过程,及时终止离岗员工的所有访问权限;

2 取回各种身份证件、钥匙、徽章等以及机构提供的软硬件设备;

3 办理严格的调离手续。

7.2.2.3.3 人员考核

定期对各个岗位的人员进行安全技能及安全认知的考核。

7.2.2.3.4 安全意识教育和培训

1 对各类人员进行安全意识教育、岗位技能培训和相关安全技术培训;

2 告知人员相关的安全责任和惩戒措施,并对违反违背安全策略和规定的人员进行惩戒;

3 制订安全教育和培训计划,对信息安全知识、岗位操作规程等进行培训。

7.2.2.3.5 外部人员访问管理

确保外部人员在访问受控区域前得到授权或审批,批准后由专人全程陪同或监督,并登记备案。

7.2.2.4 系统运维管理

7.2.2.4.1 环境管理

1 指定专门的部门或人员定期对机房供配电、空调、温湿度控制等设施进行维护管理;

2 配备机房安全管理人员,对机房的出入、服务器的开机或关机等工作进行管理;

3 建立机房安全管理制度,对有关机房物理访问,物品带进、带出机房和机房环境安全等方面的管理作出规定。

7.2.2.4.2 介质管理

1 确保介质存放在安全的环境中,对各类介质进行控制和保护,并实行存储环境专人管理;

2 对介质归档和查询等过程进行记录,根据存档介质的目录清单定期进行盘点;

3 对需要送出维修或销毁的介质,首先清除其中的敏感数据,防止信息的非法泄漏;

4 根据所承载数据和软件的重要程度对介质进行分类和标识管理。

7.2.2.4.3 设备管理

1 对公路网运行监测与服务系统相关的各种设备(包括备份和冗余设备)、线路等指定专人定期进行维护管理;

2 对终端计算机、工作站、便携机、系统和网络等设备的操作和使用进行规范化管理，按操作规程实现关键设备（包括备份和冗余设备）的启动/停止、加电/断电等操作。

7.2.2.4.4　网络安全管理

1　指定人员对网络进行管理，负责运行日志、网络监控记录的日常维护和报警信息的分析和处理工作；

2　建立网络安全管理制度，对网络安全配置、日志保存时间、安全策略、升级与打补丁、口令更新周期等方面作出规定；

3　根据厂家提供的软件升级版本对网络设备进行更新，并在更新前对现有的重要文件进行备份；

4　定期对网络系统进行漏洞扫描，对发现的网络系统安全漏洞及时进行修补；

5　对网络设备的配置文件进行定期备份；

6　保证所有与外部系统的连接均得到授权和批准。

7.2.2.4.5　系统安全管理

1　根据业务需求和系统安全分析确定系统的访问控制策略；

2　定期进行漏洞扫描，对发现的系统安全漏洞及时进行修补；

3　安装系统的最新补丁程序，在安装系统补丁前，应首先在测试环境中测试通过，并对重要文件进行备份后，方可实施系统补丁程序的安装；

4　建立系统安全管理制度，对系统安全策略、安全配置、日志管理和日常操作流程等方面作出规定；

5　依据操作手册对系统进行维护，详细记录操作日志，包括重要的日常操作、运行维护记录、参数的设置和修改等，严禁进行未经授权的操作；

6　定期对运行日志和审计数据进行分析，以便及时发现异常行为。

7.2.2.4.6　恶意代码防范管理

1　提高所有用户的防病毒意识，告知及时升级防病毒软件，在读取移动存储设备上的数据以及网络上接收文件或邮件之前，先进行病毒检查，外来计算机或存储设备接入网络系统之前也应进行病毒检查；

2　指定专人对网络和主机进行恶意代码检测并保存检测记录；

3　对防恶意代码软件的授权使用、恶意代码库升级、定期汇报等作出规定。

7.2.2.4.7　密码管理

使用符合国家密码管理规定的密码技术和产品。

7.2.2.4.8　变更管理

1　确认系统中要发生的重要变更，并制订相应的变更方案；

2　系统发生重要变更前，应向主管领导申请，审批后方可实施变更，并在实施后向相关人员通告。

7.2.2.4.9　备份与恢复管理

1　识别需要定期备份的重要业务信息、系统数据及软件系统等；

2　规定备份信息的备份方式、备份频度、存储介质、保存期等；

3　根据数据的重要性及其对系统运行的影响，制定数据的备份策略和恢复策略，备份策略指明备份数据的放置场所、文件命名规则、介质替换频率和数据离站运输方法。

7.2.2.4.10 安全事件处置

1 报告所发现的安全弱点和可疑事件,但任何情况下用户均不应尝试验证弱点;

2 制定安全事件报告和处置管理制度,明确安全事件类型,规定安全事件的现场处理、事件报告和后期恢复的管理职责;

3 根据国家相关管理部门对计算机安全事件的等级划分方法和安全事件对本系统产生的影响,对本系统计算机安全事件进行等级划分;

4 记录并保存所有报告的安全弱点和可疑事件,分析事件原因,监督事态发展,采取措施避免安全事件的发生。

7.3 国家级路网监测点信息安全要求

7.3.1 应用安全(抗抵赖)

抗抵赖指国家级监测点到部、省两级路网平台公路网的运行数据信息发送的安全保障。

通过部署国家级监测点的密码设备或加密软件,依托行业统一的证书认证体系,实现对交互数据的数字签名,确保交互数据的真实性和抗抵赖性。

7.3.1.1 数字签名机制

系统参与者应对发出的业务报文加编数字签名,对接收的加签业务报文核数字签名。加、核数字签名的规则如下:

1 数字签名编制标准

1)信息发送数据包即签名要素串;

2)使用业务发送方的数字证书(私钥)对签名要素串签名,签名的校验算法使用MD5WithRSA算法;

3)将签名值使用BASE64转码后填写到报文的数字签名域。

2 数字签名核验标准

国家级路网监测点不存在核验业务报文数字签名的需求。

7.3.1.2 数字证书与系统参与者绑定

行业密钥管理与安全认证中心负责编制业务签名的数字证书,以系统参与者为单位申请和使用,系统参与者向行业密钥管理与安全认证中心申请并领取证书后,行业密钥管理与安全认证中心将通报全部系统参与者。

系统参与者成功申请并导入数字证书后才可以发起业务报文,其他系统参与者接收到业务报文时需验证数字证书和数字签名的合法性。

7.3.2 数据安全

7.3.2.1 数据完整性

通过密码技术支持的完整性保护机制，实现用户数据完整性保护。应能够检测到鉴别信息和涉密业务数据在传输过程中完整性受到破坏，并在检测到完整性错误时采取必要的恢复措施。

7.3.2.2　数据保密性

应采用加密或其他有效措施实现鉴别信息和涉密业务数据传输保密性。

7.4　系统检测要求

7.4.1　一般规定

由有资质的检测部门负责对公路网运行监测与服务系统的系统功能、设施指标及安全性能进行检测，通过先进的检测设备和科学的检测方法，对包括部、省两级路网平台的系统功能，国家级路网监测点的采集设施以及部、省两级路网平台与监测点之间的数据传输加密设施进行检测，保障公路网运行监测与服务系统的安全、稳定运行，符合入网并网条件方可投入运行。

7.4.2　基本要求

1　系统所涉及关键设备及软件流程应严格按照国家、交通运输行业相关标准及技术规范执行，并满足本技术要求规定的各项功能指标；

2　设备布线整齐、余留规整、标识清楚；设备之间连线接、插头等部件要求连接可靠、紧密、到位准确；固定螺钉等要求坚固，无松动；

3　设备安装到位并已连通，处于正常工作状态；

4　系统具备完整的设计、施工、验收等材料，以及分项工程自检和设备调试记录、设备及附（备）件清单、有效设备检验合格报告或证书等资料；

5　数据交换格式符合附录 E 的要求；

6　部级路网平台应符合国标《信息安全技术　信息系统安全等级保护基本要求》（GB/T 22239）中二级安全等级保护相关标准和规范要求；

7　平台软件界面友好，操作简单；

8　密码设备应采用经国家密码局审批的商用密码设备。

7.4.3　实测要求

7.4.3.1　部、省级路网平台实测项目

部、省级路网平台实测项目见表 7-1。

表 7-1　部、省级路网平台实测项目表

功能类型	项次	检查项目	检测依据	检测方法
部、省级路网平台	1	△状态监测与服务指标	第二部分　3　公路网运行状态监测与服务指标	实际操作

续上表

功能类型	项次	检 查 项 目	检 测 依 据	检 测 方 法
部、省级路网平台	2	△数据处理	第二部分 4.1 软件总体要求 附录F 部、省级公路网运行监测与服务平台数据字典	实际操作
	2.1	数据存储格式		
	2.2	视频数据存储格式		
	2.3	数据质量		
	2.4	数据更新与维护		
	2.5	数据存储时间		
	3	软件功能	第二部分 4.2 软件核心功能要求 第二部分 6 公路出行信息发布技术要求	实际操作
	3.1	△公路网监测与分析		
	3.2	△应急会商与处置		
	3.3	△信息展示		
	3.4	△信息发布		
	3.5	网络管理		

注:表中标“△”的检查项目为关键测试项目。

7.4.3.2 系统数据传输实测项目

系统数据传输实测项目见表7-2。

表7-2 系统数据传输实测项目表

功能类型	项次	检 查 项 目	检 测 方 法	检 测 依 据
数据传输要求	1	△交通运行参数	第二部分 2.2 公路网运行信息参数要求 第二部分 5.2 传输内容、5.3 数据传输周期 附录F 部、省级公路网运行监测与服务平台数据字典 附录E 数据交换技术要求	实际操作
	1.1	传输周期		
	1.2	传输格式		
	2	△路网环境参数		
	2.1	传输周期		
	2.2	传输格式		
	3	公路交通突发(阻断)事件信息		
	4	基础设施运行状态参数		
	5	省级公路网运行状态监测与服务指标数据		
	6	部级路网平台所需的其他信息		
	7	对省(自治区、直辖市)公路网的协调指令和信息		
	8	各省(自治区、直辖市)公路网必要的公路网运行信息		
	9	部级公路网运行状态监测与服务指标信息		
	10	重特大突发事件的应急处置和交通组织指令、信息及执行反馈		
	11	公路应急资源的调度、部署指令		
	12	应急宣传信息发布指令		
	13	国家级路网监测点遥控摄像机控制指令		
	14	部级路网平台下发的其他信息		

注:表中标“△”的检查项目为关键测试项目。

7.4.3.3　系统信息安全实测项目

系统信息安全实测项目见表7-3。

表7-3　系统信息安全实测项目表

功能类型	项次	检 查 项 目	检 测 依 据	检测方法
信息安全要求	1	△信息安全技术要求	第二部分　7.2　部级路网平台及其支撑系统安全要求 第二部分　7.3　国家级路网监测点信息安全要求 《信息安全技术　信息系统安全等级保护基本要求》(GB/T 22239)	现场检查
	1.1	物理安全		
	1.2	网络安全		
	1.3	主机安全		
	1.4	应用安全		
	1.5	数据安全及备份恢复		
	2	△信息安全管理制度		

注:表中标“△”的检查项目为关键测试项目。

7.4.3.4　国家级路网监测点实测项目

国家级路网监测点实测项目见表7-4。

表7-4　国家级路网监测点实测项目表

功能类型	项次	检 查 项 目	检 测 依 据	检 测 方 法
监测点要求	1	△视频监控	附录B　视频监测设施技术要求 传输的视频数据格式:符合H.264/AVC标准的规定	实际操作,利用图像分析仪、自动视频检测系统以及传输链路分析仪进行检测和评估
	1.1	图像分辨率		
	1.2	视频信号完好性		
	2	△交通运行数据监测	附录C　交通运行监测设施技术要求	实际操作,采用人工在路网监测点现场观测方法检测设备采集数据的可靠性
	2.1	车辆鉴别能力		
	2.2	断面交通量		
	2.3	车辆类别(大、小)		
	2.4	地点速度		
	2.5	时间平均速度		
	3	△能见度及天气现象监测	附录D　气象监测设施技术要求	实际操作,采用汽雾发生器、空气净化器和除湿器等设备产生能见度环境;采用短基线标准透射仪和高精度前向散射能见度仪作为低能见度计量标准器;主要通过人工视觉直接观测对天气现象检测器进行功能检测
	3.1	气象光学视程		
	4	△路面状态监测		实际操作,利用温湿度控制箱、造雪控制器、造冰控制器等设备搭建路面温度、路面水膜厚度、路面含盐量、路面覆盖物等测试环境;采用高精度热敏电阻传感器、水膜厚度测试仪、含盐量检测器等作为标准器
	4.1	路面温度		
	4.2	路面状况		
	6	△气象环境监测		实际操作,使用温湿度控制箱进行恒定温度、湿度测试,利用标准计量风速风向检测设备对被测设备进行检测,使用造雨设备搭建测试环境,对被测雨量传感器的参数进行检测
	6.1	气温		
	6.2	相对湿度		
	6.3	风速风向		
	6.4	降雨量		

注:表中标“△”的检查项目为关键测试项目。

附录A 术语、定义与符号

A.1 定义

A.1.1 公路网运行监测与服务系统

面向全国干线公路网开展公路网运行监测、预测预警、突发事件应急处置、协调调度指挥等业务，集成公路状态感知、数据处理与分析、决策支持与指令传达等功能于一体的公路网管理信息化系统。包括部级公路网运行监测与服务平台、省级公路网运行监测与服务平台、路网监测点外场设施以及相关支撑系统等软硬件系统。

A.1.2 公路交通突发(阻断)事件

公路交通突发事件，简称突发事件，是指由突发事件引发的造成或者可能造成公路以及重要客运枢纽出现中断、阻塞、重大人员伤亡、大量人员需要疏散、重大财产损失、生态环境破坏和严重社会危害，以及由于社会经济异常波动造成重要物资、旅客运输紧张，需要交通运输部门提供应急运输保障的紧急事件。

A.1.3 国省干线公路(网)

对国家或省份经济发展具有重要支撑作用的国道和省道(网)。本技术要求中指除高速公路以外的二级以上国道和省道(网)。

A.1.4 全国干线公路网

由高速公路、国省干线公路构成的公路交通网络。

本技术要求所指的公路网、干线公路网一般为全国干线公路网。

A.1.5 部级公路网运行监测与服务平台

服务于部级路网中心的业务应用系统及数据交换共享平台，具体实现对全国干线公路网运行状态进行实时监测、预测预警与协调管理，对在公路网中发生的重特大突发事件进行应急处置，开展全国范围的公路出行信息服务的信息平台。

A.1.6 省级公路网运行监测与服务平台

服务于省级路网中心的业务应用系统及数据交换共享平台，具体实现对本省域干线公路网运行状态进行实时监测、预测预警与协调管理，对在公路网中发生的突发事件进行应急处置，开展省域范围的公路出行信息服务的信息平台。

A.1.7 路网监测点

对公路网整体运行有重要影响的公路重要路段，以及桥梁、隧道、互通立交、收费站点、治超站、服务区等公路节点，并在这些点段上开展运行监测工作。

A.1.8 服务质量(QoS)

服务质量表示电信服务性能属性的任何组合，是网络的一种安全机制，用来解决网络延迟和阻塞等问题。

A.1.9 公路网运行状态监测与服务指标

用于描述全国干线公路网、区域(省域)干线公路网等定义路网运行状态与服务的指标。

A.1.10 定义路网

为满足评估需要而自行定义的某一特定区域干线公路网，可为省域、区域或特定公路网。

A.1.11 省域干线公路网

省域范围内由高速公路、国省干线公路构成的公路交通网络。

A.1.12 接入控制系统

为解决部、省两级路网平台之间数据一致性问题的前置服务系统。一般采用一对一或一对多的方式布设。

A.1.13 业务数据

各级公路网运行监测与服务平台及路网监测点监测的除视频信息以外的公路网运行监测信息数据，主要包括交通量、车辆速度、路网环境、基础设施状态、公路突发(阻断)事件信息等数据。

A.1.14 备用链路

部、省两级路网平台通信网络主链路因故障等原因不能保障正常通信时，或在紧急情况下需要传输应急或特殊信息时建立的专用网络链路，与日常“公专结合”的主网并行。

A.1.15 数据准确度

在一定测量条件下，现场观测值及其函数的估值与其真值的偏离程度，用来同时表示测量结果中系统误差和随机误差大小的程度。本技术要求的数据准确度特指交通运行监测设施、气象环境监测设施在路网监测点现场实测获取数据的准确程度，即实测数据与真实数据的偏离百分比程度。

A.1.16 证书认证

采用电子技术检验用户合法性的操作。

A.1.17 缺失率

路网监测点采集设备获取的公路网运行数据因某种原因丢失、损失的百分比。

A.1.18 国家信息安全等级保护第二级

应能够防护系统免受来自外部小型组织的、拥有少量资源的威胁源发起的恶意攻击、一般的自然灾难,以及其他相当危害程度的威胁所造成的重要资源损害,能够发现重要的安全漏洞和安全事件,在系统遭到损害后,能够在一段时间内恢复部分功能。

A.1.19 公路节点

公路网中的交叉点、桥梁、隧道、收费站、服务区、治超站等节点。

A.1.20 恶劣气象条件频发路段

因低能见度、公路结冰、大风等恶劣气象条件经常引发公路交通事件(如公路封闭、重特大交通事故等)并造成公路阻断或损毁的路段。

A.1.21 重要公路节点

对公路网整体运行状态有重要影响的重要路段、重要基础设施、重要收费站(省界、入城)、大型服务区、重点治超站和枢纽互通立交等公路节点。

A.1.22 I类超限超载检测站

《公路超限检测站管理办法》中规定的主要设置于监控国道或者省道的省界入口、多条国道或者省道的交汇点、跨省货物运输的主通道等全国性公路网的重要路段和节点的超限超载检测站。

A.1.23 跨省重要通道

承担跨省公路主要运输需求的通道,一般为高速公路或国道。

跨省重要通道可根据监测与评价需要,定义其路径和路线(路段)组成。

A.1.24 通道运行指数

描述跨省重要通道整体运行状态,采用相应单项指标的综合评估结果进行表征。

A.1.25 路网综合运行指数

描述定义路网整体运行状况，采用中断率、拥挤度、节点通阻度、环境指数、突发事件等级、设施健康状况、服务区质量等级7个单项指标的综合评估结果进行表征。

A.1.26　大车比例

大车比例指路段断面采集车辆数中符合本技术要求规定的大车划分原则的大车所占的比例，用百分比表示。

A.1.27　应用中间件

用于开发、集成、部署和管理大型分布式web应用、网站应用和数据库应用的应用服务器。

A.1.28　基础构件

面向软件体系架构的可复用软件模块。

A.1.29　平台支撑软件

支撑应用软件的开发与维护的软件，又称为软件开发环境。它主要包括环境数据库、各种接口软件和工具组等。

A.1.30　第90百分位

将所有数据按照从小到大的顺序排序，排在第90%位置的数据即为第90百分位。

A.1.31　安全保护能力

系统能够抵御威胁、发现安全事件以及在系统遭到损害后能够恢复先前状态等的能力。

A.1.32　信息系统

由计算机及其相关的和配套的设备、设施（含网络）构成的，按照一定的应用目标和规则，对信息进行采集、加工、存储、传输、检索等处理的人机系统。

A.1.33　访问控制

按确定的规则，对实体之间的访问活动进行控制的安全机制，能防止对资源的未授权使用。

A.1.34　安全审计

按确定规则的要求，对与安全相关的事件进行审查，以日志方式记录必要信息，并作出相应处理的安全机制。

A.1.35 授权

给主体授予权限的机制和过程,如访问授权是授予指定主体对指定客体进行指定访问操作的权限。

A.1.36 数字签名

采用 PKI 技术,先对原文信息进行摘要(Hash),然后通过私钥进行签名处理,生成签名信息,签名信息只有私钥才能产生,签名过程不可逆。通过数字签名,可以保证明文数据的完整性和不可抵赖性。

A.1.37 数字证书

一种权威性的电子文档,由权威公正的第三方机构,即 CA 中心签发。

A.1.38 数据完整性

表征数据没有遭受以非授权方式所作的篡改或破坏程度的安全属性。

A.1.39 数据保密性

表征数据或系统不泄露给非授权的个人、实体或进程,不为其所用特性的安全属性。

A.2 术语及符号

A.2.1 H.264

H.264——ITU-T 的视频编码专家组(VCEG,Video Coding Experts Group)和 ISO/IEC 的活动图像编码专家组(MPEG,Moving Pictures Experts Group)组成的联合视频组(JVT,Joint Video Team)开发的一个数字视频编码标准,它既是 ITU-T 的 H.264,又是 ISO/IEC 的 MPEG-4 的第 10 部分。

A.2.2 VLAN

虚拟局域网(VLAN,Virtual Local Area Network)是一种将局域网设备从逻辑上划分成一个个网段,从而实现虚拟工作组的新兴数据交换技术。

A.2.3 ITU-T H.323

ITU-T H.323 是 ITU 多媒体通信系列标准 H.32x 的一部分,该系列标准使得在现有通信网络上进行视频会议成为可能。

A.2.4 OGC

开放地理空间信息联盟(OGC,Open Geospatial Consortium)是一个非营利性国际组织,成立于 1994 年。OGC 属于论坛性国际标准化组织,以美国为中心,目前有 259 个来自不同国家和地区的成员。OGC 的目标是通过信息基础设施，把分布式计算、对象技术、中间件软件技术等用于地理信息处理，使地理空间数据和地理处理资源集成到主流的计算技术中。

A.2.5　WMS

Web 地图服务（WMS，Web Map Service）能够根据用户的请求返回相应的地图（包括 PNG、GIF、JPEG 等栅格形式或者是 SVG 和 WEB CGM 等矢量形式）。WMS 支持网络协议 HTTP，所支持的操作是由 URL 定义的。

A.2.6　WFS

Web 要素服务（WFS，Web Feature Service）返回的是要素级的 GML（Geography Markup Language）编码，并提供对要素的增加、修改、删除等事务操作，是对 Web 地图服务的进一步深入。

A.2.7　WCS

Web 地理覆盖服务（WCS，Web Coverage Service）提供的是包含了地理位置信息或属性的空间栅格图层，而不是静态地图的访问。

A.2.8　RJ-45

RJ-45 接口可用于连接 RJ-45 接头，用于由双绞线构建的网络。

A.2.9　GMC

全域动态补偿功能（GMC，Global Motion Compensation），即仅仅使用少数的参数对全局的运行进行描述，用以反映摄像机的各种运动，包括平移、旋转、变焦等，参数所占用的码率基本上可以忽略不计。

A.2.10　MTBF

平均无故障工作时间（MTBF，Mean Time Between Failures），是不修复产品可靠性的一种基本参数，其度量方法为：在规定的条件下和规定的时间内，产品的寿命单位总数与故障总次数之比。

附录 B 视频监测设施技术要求

B.1 功能要求

视频监测设施主要负责对公路沿线的交通运行状况、公路基础设施状况、气象状况等进行实时图像监测，并具备及时发现交通异常事件（交通拥堵、交通事故、隧道火灾等）和车辆特征（牌照）的监测功能，具备对服务区的使用状况进行实时监测、及时发现区域内异常事件、提供事件处理依据的监测功能。

B.2 监测对象及技术要求

视频监测对象主要包括公路沿线、隧道、服务区、停车区、治超站等。公路沿线应采用枪式摄像机；隧道内应采用枪式摄像机；服务区应采用枪式摄像机或球式摄像机。

B.2.1 公路沿线

公路沿线视频监测设施应采用彩色/黑白日夜型枪式摄像机（可采用数字化摄像机）。其技术指标不应低于以下要求：

1 CCD 应采用 1/2 英寸或 1/3 英寸；

2 分辨率：彩色≥480 线，黑白≥520 线；

3 最低照度：彩色为 0.1lx，黑白为 0.01lx；

4 信噪比≥50 dB；

5 具备宽动态功能；

6 自动电子快门（AES）、自动光圈（AI）、自动增益控制（AGC）、自动白平衡（AWB）、手动白平衡（MWB）、背光补偿（BLC）及白峰反转和电源同步；

7 镜头采用 1/2 英寸或 1/3 英寸电动变倍、变焦自动光圈镜头，焦距范围不小于：10～200mm（20 倍光学），光圈范围不小于：F2.4～F360；

8 摄像机防护罩适用于室外，带有雨刷、加热器、风扇及太阳罩，其大小选型要适于变焦镜头，并与云台配合；

9 如需室外恒速云台，应满足旋转角度（水平：0～350°，垂直：向上≥15°，向下90°）、旋转速度（水平≥6°/s，垂直≥3°/s）要求；具备自动回位功能。

B.2.2 服务区

服务区视频监测设施应采用彩色/黑白日夜型枪式摄像机，也可以采用彩色/黑白日夜型球式摄像机。采用彩色/黑白日夜型球式摄像机技术指标不应低于以下要求：

1 CCD 应采用 1/3 英寸或 1/4 英寸；

2 水平分辨率：彩色≥480 线，黑白≥520 线；

3 最低照度：彩色为 0.1lx，黑白为 0.01lx；

4 信噪比≥ 50dB；

5 自动逆光补偿、宽动态功能，应具有自动（手动）光圈、自动增益、白平衡、灵敏度等调整功能；

6 变焦镜头：不小于 4 ~ 73mm，不小于 18 倍光学变焦；

7 云台水平转动：360°连续水平转动，垂直倾斜：0 ~ 90°无阻碍；

8 手动旋转速度：水平（1 ~ 180）°/s，垂直（1 ~ 90）°/s；

9 球形防护罩应密封、防尘、防雨，带除雾器与风扇；

10 防护等级 IP65。

B.2.3 隧道内

隧道内视频监测设施一般采用彩色固定枪式摄像机（车行横洞可采用带云台摄像机），也可以采用黑白固定枪式摄像机。固定彩色摄像机或固定黑白摄像机的指标参考彩色/黑白日夜型枪式摄像机指标，但技术指标还应满足以下要求：

1 CCD 应采用 1/3 英寸或 1/2 英寸；

2 摄像机使用固定焦距自动光圈镜头，镜头的大小依摄像机的设置间距而定，应使用 8 ~ 50mm 段的镜头，具备宽动态功能；

3 摄像机的防护罩不宜带风扇、窗口除霜器、遮阳罩和清洗器等，但要求密封性好，防护等级达到 IP65，在寒冷地带应配置加热器。

B.3 其他要求

摄像机的平均无故障时间不小于 30 000h。

公路沿线及服务区摄像机采用立柱安装。一般采用热浸镀锌钢杆，高度至少为 8 ~ 12m。下部可用直径≥325mm（壁厚≥7.5mm）钢管，上部可用 ϕ203mm（壁厚≥7.5mm）钢管，并采取防止立杆抖动的措施。立柱也可采用水泥杆。

隧道内摄像机安装在隧道外侧壁的支撑架上，距路面高度至少为 5.0m，安装在检修通道正上方，照明灯具下方。

附录 C　交通运行监测设施技术要求

C.1　功能要求

建立具备获取动态公路交通运行数据监测能力的公路网交通运行信息监测体系，为各级路网平台提供可靠、准确、实时的交通运行数据。

交通运行监测设施采集的数据内容包括：断面交通量（车辆数，分大小车辆类别）、地点速度、时间平均速度等。

C.2　技术指标要求

1　安装方式：非破损路面安装，宜采用路侧安装；

2　工作方式：非接触式检测模式；

3　车道覆盖：单检测器可覆盖的车道数不小于 4 条；

4　运行速度测量范围：5 ~ 200km/h；

5　传感器可区分 2 类（按大小车）或以上车辆类别，且准确度优于 85%；

6　断面交通量（车辆数）准确度优于 85%；

7　地点速度、时间平均速度准确度优于 85%；

8　具备全天候工作能力；

9　防护等级不低于 IP65；

10　功耗不大于 5W，含传感器、通信及其他辅助功能单元的整系统综合功耗不大于 20W；

11　平均无故障时间不低于 10 000h；

12　本地数据存储时间不低于 24h；

13　应至少提供 RS232 数据接口；

14　支持使用太阳能供电模式，且具备电源管理系统；

15　具备安装安全认证模块的接口能力；

16　上述数据准确度为路网监测点现场采集数据的质量指标。

C.3　数据格式与通信协议要求

C.3.1　数据格式

数据格式应按照附录 E 中的规定执行。

C.3.2　通信协议格式

通信协议格式见表C-1。

表C-1　通信协议格式

数据标头	数据长度	设备ID号	安装地点代码	功能代码	数据包	校验码
2字节	2字节	8字节	15字节	2字节	可变	2字节

C.3.2.1　数据标头

1　FAH FAH,表示从设备发向路网中心;

2　FBH FBH,表示从路网中心发向设备。

C.3.2.2　设备代码编号

由相关部门按相关规定制定编号规则,作为每个设备的唯一编号。

C.3.2.3　数据长度

从标头起到校验的总长度(包括标头和校验)。

C.3.2.4　安装地点代码

由相关部门按相关规定制定代码规则,代码唯一。

C.3.2.5　功能代码

1　第1个字节:级别代码,按对应方式设置级别,直接对应路网中心为1级设备,对应1级设备为2级设备,以此类推(图C-1)。

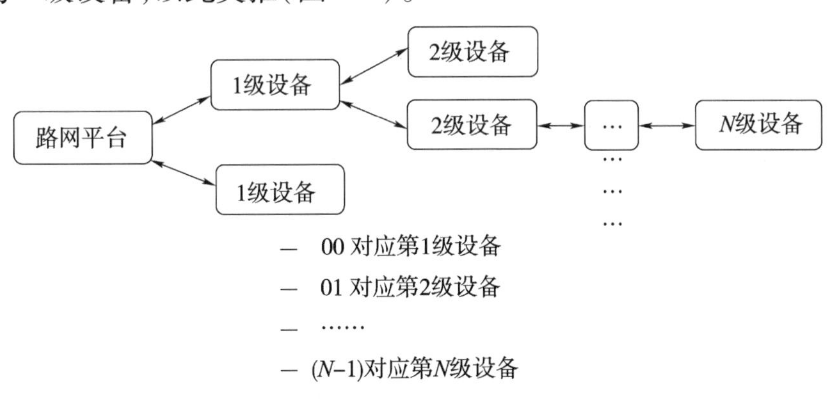

图C-1　功能级别代码

2　第2个字节:功能设置。

00H	普通交通运行周期数据(正常周期数据)
01H	优先重要级交通运行数据(突发事件时非正常周期数据)
02H	设备注册信息
03H	参数设置
04H	通信测试、在网通知
05H	重发数据或补发数据通知
06H	故障报告
07H	注销或撤点通知
A0H ~ AFH	预留

C.3.2.6 数据包

C.3.2.6.1 普通交通运行数据(周期)

由设备发向路网中心,其中:

1 第1、2字节:年份代码,比如2011年表示为07H DBH。

2 第3、4字节:月份和日期代码,比如8月23日表示为08H 17H。

3 第5、6字节:小时和分钟代码,比如12:30表示为0CH 1EH。

4 第7~12字节:由第7字节最高位表示是否要分车道上报信息。如需分车道,则该字节串为第1车道交通运行数据包,否则该字节串表示断面交通运行数据:

1)第7字节:第8位,0表示分车道上报信息,1表示不分车道上报信息;5~7位预留;低4位为车道编号;

2)第8、9、10字节:车流量。其中:高12位表示周期内大型车流量,低12位表示周期内小型车流量;

3)第11字节:周期内占有率,如10%的占有率,表示为0AH;

4)第12字节:周期内平均速度,如平均速度为60km/h,表示为3CH。

5 第13~18字节:如需分车道,则表示第2车道交通运行数据:

1)第13字节:高4位预留,低4位为车道编号;

2)其余字节与第1车道的信息定义相同。

6 第$[7+(n-1)\times6]\sim(7+n\times6-1)$字节:第$n$条车道交通运行数据,如无需分车道,则$n=1$。

7 第$7+n\times6$字节:拥堵程度。

8 第$7+n\times6+1$字节:车头时距。

9 第$(7+n\times6+2)\sim(7+n\times6+6)$字节:预留。

C.3.2.6.2 优先重要级交通运行数据

同普通交通流周期数据格式。

C.3.2.6.3 设备注册信息

包括设备ID号设置、监测断面车道数、设备检测原理代码、级别设置代码、安装地点代码,由设备发向路网中心,其中:

1 第1~8字节:设备ID号设置;

2 第9字节:断面车道数,高4位表示上行车道数,低4位表示下行车道数;

3 第10、11字节:设备检测原理代码(01H表示视频,02H表示微波,03H表示超声波,04H表示线圈,05H表示红外,06H表示光栅,……);01H 00H表示单一为视频检测;01H 02H表示主检测为视频,辅助检测为微波等;如果有更多检测合成方式,需表明主检测和辅助检测;

4 第12、13字节:级别设置代码;

5 第14、15字节:安装地点代码;

6 中心给设备的应答数据包:与设备给中心的注册信息相同。

C.3.2.6.4 参数设置

C.3.2.6.5　发送(存盘)周期设置

由路网中心发向设备,其中:

1　1字节:发送(存盘)周期,发送和存盘周期必须同步,以分钟为单位,如05H表示5min为一周期;

2　设备应答中心的数据包:与中心给设备的信息相同。

C.3.2.6.6　通信测试在网通知

设备向路网中心发送4个字节:01H 02H 03H 04H表示设备在网。

重发数据或补发数据通知(10个字节)由中心发向设备,其中:

1　第1、2字节:年份代码,比如2011年表示为07H DBH;

2　第3、4字节:月份和日期段起始代码,比如8月23日表示为08H 17H;

3　第5、6字节:小时和分钟段起始代码,比如12:30表示为0CH 1EH;

4　第7、8字节:月份和日期段起始代码,比如8月24日表示为08H 18H;

5　第9、10字节:小时和分钟段起始代码,比如12:30表示为0CH 1EH。

C.3.2.6.7　故障报告

设备向路网中心发送2个字节:

1　第1个字节:01H表示从设备故障,02H表示主设备故障;

2　第2个字节:表示故障类型。

00H　无故障

01H　校验错误

02H　无效数据

03H　硬件设备故障

04H　无检测设备信号

……

C.3.2.6.8　注销或撤点通知

必须发送两次才起效,第1次为挂起,第2次为注销或撤点。

设备向路网中心发送10个字节:

1　第1个字节:表示挂起设备,00H表示撤销挂起,01H表示有效;

2　第2个字节:表示注销或撤点,必须在挂起生效后才能作用,00H表示撤销注销,01H表示有效;

3　第3~10字节:设备ID号设置。

C.3.2.7　校验码

采用CRC计算,多项式$X^{16}+X^{12}+X^{5}+1$,起始FFFFH,产生两字节CRC0和CRC1,低字节在前。

C.4　数据现场存储要求

1　经设备采集和处理得到的交通运行数据,应具备设备本地存储功能,其本地存储容量应满足可以连续存储24h及以上数据量的要求；

2 设备在断电时，其存储的交通数据不应发生丢失现象；

3 设备本地存储的交通数据应具备从设备通信接口导出至设备外部存储介质的功能，且实时交通数据包差错率应为零。

附录 D　气象监测设施技术要求

D.1　功能要求

能够准确采集公路沿线气象参数，包括能见度、大气温度、相对湿度、风速、风向、降水、路温、路面状态（干燥、潮湿、积水、黑冰、结冰、积雪）等。

D.2　气象监测设施

根据主要影响公路交通出行的天气及公路交通气象信息系统应用的数据需求，气象监测主要包括能见度监测、路面气象条件监测、气象环境监测三个主要方面。

D.2.1　能见度监测

能见度的自动监测主要通过能见度仪实现。本技术要求中的能见度自动观测设备指前向散射式能见度仪或当前天气现象传感器（含散射式能见度观测功能）。

D.2.2　路面气象条件监测

路面气象条件监测内容主要包括路温、路面状况等方面。路面气象条件的自动监测通常利用路面传感器实现，路面传感器的监测内容取决于各自产品的特征。

1　路温：包括公路表面温度和公路表面以下 10cm 处的温度，通过路面传感器和/或路温传感器（铂电阻）进行观测；

2　路面状况：泛指路面处于干燥、潮湿、积水、结冰或结霜、积雪等状态，通过路面传感器或专用传感器进行观测。

D.2.3　气象环境监测

1　气温：在公路交通气象观测中，温度与湿度的观测通常是由一个集成式传感器来完成的，为降低太阳照射对观测值的影响，通常将温湿度传感器放置在太阳辐射屏蔽罩内；

2　相对湿度：表示空气中的水汽含量和潮湿程度的物理量；

3　风速风向：观测一般采用风速风向传感器，根据工作原理可分为机械式风传感器和超声波风传感器，在北方冬季降雪量大、气温低，或是沙尘、冻雨天气较多地区，宜采用超声波风传感器；

4　降水量：降水是指从天空降落到地面上的液态或固态的水汽凝结物，包括雨、雪、雨夹雪、冰雹等，降水通常用翻斗式雨量计或天气现象（也称为当前天气）传感器来实现自动观测。

D.3 设备选型要求

气象监测设施配置的各种传感器应符合相关国家或行业标准。

传感器的选型要充分考虑交通气象观测功能需求、传感器的维护需求、传感器的功耗、传感器技术的成熟性、可靠性、经济性等(表 D-1)。

表 D-1 传感器的选型

序号	要素名称	推荐传感器类型
1	能见度	前向散射式能见度仪
2	气温	集成数字式温(湿)度传感器或铂电阻温度传感器
3	相对湿度	集成数字式(温)湿度传感器或湿敏电容湿度传感器
4	风速	超声风传感器、风杯风速传感器、螺旋桨式风传感器
5	风向	超声风传感器、单翼风向传感器、螺旋桨式风传感器
6	降水	天气现象传感器或翻斗式雨量传感器
7	路温	铂电阻温度传感器或满足要求的其他直接或间接测量路温的传感器
8	路面状况	路面传感器

注:气温、相对湿度、风速、风向等要素的观测也可采用满足相应技术要求的多功能紧凑型气象传感器,此类传感器集成气温、相对湿度、风向、风速等要素的观测于一体,具有集成度高、体积小、安装方便等优点。

D.4 设备技术要求

传感器的技术要求见表 D-2。

表 D-2 传感器的技术要求

传感器	测量范围	分辨力	准确度	备注
能见度	10 ~ 2 000m	1m	±10%	能见度≤1 500m 时
			±20%	能见度 >1 500m 时
气温	-50 ~ +50℃	0.1℃	±0.2℃	—
相对湿度	5% ~100%	1%	±3%	湿度≤80% 时
			±5%	湿度 >80% 时
风速	0 ~ 60m/s	0.1m/s	$\pm(0.5+0.03v)$m/s	—
风向	0 ~ 360°	3°	±5°	—
降水	0 ~ 4mm/min	0.1mm	±0.4mm	降水≤10mm 时
			±4%	降水 >10mm 时
路温	-50 ~ +80℃	0.1℃	±0.5℃	—
路面状况	至少可以准确区分干燥、潮湿、积水、结冰/结霜、积雪等状态			主要为定性状态
其他	平均无故障时间不低于 10 000h,应提供 RS232/RS485/以太网数据接口			

注:1. 特殊天气条件路段可根据实际情况,适当调整传感器测量范围及分辨能力。

2. v 代表风速。

附录E　数据交换技术要求

E.1　交换数据结构规范

E.1.1　范围

适用于部级路网平台、省级路网平台和国家级监测点之间进行数据传输所应用的相关数据项结构。数据内容主要包括监测点采集设备实时交通运行数据、共享获取的相关信息、下达指令信息、应急处置信息等。

E.1.2　交换数据项定义

按照部、省两级路网平台所涉及的应用范围、数据流向及处理内容,为满足路网日常运行监测及突发事件应急处置等平台功能,设计以下数据结构与编码规范,数据结构与编码规范可反映数据信息的类别和特征。

每个数据项包含以下内容:

1　序号:该信息表中数据项的顺序编号。

2　数据项名:该信息项的名称,采用英文直译的形式,可尽量简写,以简短但可直观表达意思为基本标准进行命名。

3　数据类型:该信息项的数据类型,本部分涉及以下几种数据类型:

1)字符型,均采用可变长度字符类型,例如:VARCHAR;

2)数值型,用于存储零、正数、定长负数以及浮点数,例如:INT、SMALLINT、TINYINT,浮点型使用:NUMERIC;

3)二进制型,例如:BINARY、IMAGE;

4)大文本型,例如:TEXT;

5)日期型,例如:DATETIME。

4　字节:该信息项存储所占字节数(本设计选取SqlServer数据库中对数据类型的存储长度定义为标准)。

5　是否可空:定义该信息项是否可空。

6　中文名称:该信息项的中文名称。

7　字段注释(示例):对该信息项的补充说明。

E.1.3　交换数据结构定义

E.1.3.1　公路基础数据

本部分的数据结构定义用于规范公路基础属性信息的格式。其中,路线、桥梁、隧道、收费站、服务区及出入口等基本参数信息用于规范与公路基础数据库进行数据交换;公路管理部门、路网监测点采集设备等用于规范省级路网平台进行更新时上传的信息格式。

1 路线基本信息 LWRoadInfo(表 E-1)

表 E-1 路线基本信息 LWRoadInfo

路线基本信息 LWRoadInfo						
序号	数据项名	数据类型	字节	是否可空	中文名称	字段注释(示例)
1	RoadID	VARCHAR(20)	—	否	路线编号	
2	RoadName	VARCHAR(50)	—	否	路线名称	
3	AdminID	VARCHAR(10)	—	否	行政等级(包括国高)代码	
4	AdminName	VARCHAR(20)	—	否	行政等级名称	
5	StartStakeID	NUMERIC(10,3)	—	是	起点桩号	
6	EndStakeID	NUMERIC(10,3)	—	是	止点桩号	
7	StartName	VARCHAR(20)	—	是	起点名称	
8	EndName	VARCHAR(20)	—	是	止点名称	
9	Length	Numeric(10,3)		是	路线总里程	
10	CulvertNum	TINYINT	1	是	路线涵洞总数	
11	BridgeNum	TINYINT	1	是	路线桥梁总数	
12	BDangerNum	TINYINT	1	是	路线危桥总数	
13	BPermNum	TINYINT	1	是	路线永久桥总数	
14	BHPermNum	TINYINT	1	是	路线半永久桥总数	
15	BTempNum	TINYINT	1	是	路线临时桥总数	
16	BInterNum	TINYINT	1	是	互通式立交桥总数	
17	BVeryLNum	TINYINT	1	是	路线特大桥总数	
18	BLargeNum	TINYINT	1	是	路线大桥总数	
19	BMiddleNum	TINYINT	1	是	路线中桥总数	
20	BSmallNum	TINYINT	1	是	路线小桥总数	
21	TunnelNum	TINYINT	1	是	路线隧道总数	
22	TVeryLNum	TINYINT	1	是	路线特长隧道总数	
23	TLongNum	TINYINT	1	是	路线长隧道总数	
24	TMiddleNum	TINYINT	1	是	路线中隧道总数	
25	TSmallNum	TINYINT	1	是	路线短隧道总数	
26	StationNum	TINYINT	1	是	路线收费站总数	
27	ServiceNum	TINYINT	1	是	路线服务区总数	
28	ParkNum	TINYINT	1	是	路线停车场总数	
29	EntryNum	TINYINT	1	是	路线入口总数	
30	ExitNum	TINYINT	1	是	路线出口总数	
31	WriteTime	DATETIME	8	否	写入时间	
32	Remark	VARCHAR(50)	—	是	备注	
33	Status	TINYINT	1	否	记录状态	缺省时为0

2　桥梁基本信息 LWBridgeInfo(表 E-2)

表 E-2　桥梁基本信息 LWBridgeInfo

桥梁基本信息 LWBridgeInfo						
序号	数据项名	数据类型	字节	是否可空	中文名称	字段注释(示例)
1	RoadID	VARCHAR(20)	—	否	路线编号	
2	BridgeID	VARCHAR(20)	—	否	桥梁代码	
3	BridgeName	VARCHAR(50)	—	否	桥梁名称	
4	StakeMid	NUMERIC(10,3)	—	否	桥梁中心桩号	
5	BridgeLen	NUMERIC(10,3)	—	是	桥梁全长	
6	BSpanLen	NUMERIC(10,3)	—	是	跨径总长	
7	BSignalLen	NUMERIC(10,3)	—	是	单孔最大跨径	
8	BSpanCombine	VARCHAR(100)	—	是	跨径组合	
9	BridgeWidth	NUMERIC(10,3)	—	是	桥梁全宽	
10	BDeckWidth	NUMERIC(10,3)	—	是	桥面净宽	
11	BInterYN	VARCHAR(2)	—	是	是否互通立交	1-是;0-否
12	BBuildUnit	VARCHAR(50)	—	是	建设单位	
13	BuildYear	VARCHAR(4)	—	是	修建年度	
14	BFinishDate	DATETIME	8	是	建成日期	
15	BChargeID	VARCHAR(4)	—	是	收费性质	
16	BGradeID	VARCHAR(4)	—	是	技术评定等级	
17	BassessDate	DATETIME	8	是	评定日期	
18	WriteTime	DATETIME	8	否	写入时间	
19	Remark	VARCHAR(50)	—	是	备注	
20	Status	TINYINT	1	否	记录状态	缺省时为0

3　隧道基本信息 LWTunnelInfo(表 E-3)

表 E-3　隧道基本信息 LWTunnelInfo

隧道基本信息 LWTunnelInfo						
序号	数据项名	数据类型	字节	是否可空	中文名称	字段注释(示例)
1	RoadID	VARCHAR(20)	—	否	路线编号	
2	TunnelID	VARCHAR(20)	—	否	隧道代码	
3	TunnelName	VARCHAR(50)	—	否	隧道名称	
4	StakeMid	NUMERIC(10,3)	—	否	隧道中心桩号	
5	TunnelLen	NUMERIC(10,3)	—	是	隧道全长	
6	TunnelWidth	NUMERIC(10,3)	—	是	隧道净宽	
7	TunnelHigh	NUMERIC(10,3)	—	是	隧道净高	
8	TunderYN	VARCHAR(2)	—	是	是否地下隧道	
9	TBuildYear	VARCHAR(4)	—	是	修建年度	

续上表

序号	数据项名	数据类型	字节	是否可空	中文名称	字段注释(示例)
10	TRebuildYear	VARCHAR(4)	—	是	改建年度	
11	TBuildUnit	VARCHAR(50)	—	是	建设单位	
12	TRun_Time	DATETIME	8	是	建成通车时间	
13	WriteTime	DATETIME	8	否	写入时间	
14	Remark	VARCHAR(50)	—	是	备注	
15	Status	TINYINT	1	否	记录状态	缺省时为0

4 收费站基本信息 LWStationInfo(表 E-4)

表 E-4 收费站基本信息 LWStationInfo

收费站基本信息 LWStationInfo						
序号	数据项名	数据类型	字节	是否可空	中文名称	字段注释(示例)
1	RoadID	VARCHAR(20)	—	否	路线编号	
2	StationID	VARCHAR(20)	—	否	收费站代码	
3	StationName	VARCHAR(50)	—	是	收费站名称	
4	StationType	VARCHAR(20)	—	是	收费站类型	主线、匝道
5	StakeID	NUMERIC(10,3)	—	否	收费站位置桩号	
6	ELaneCount	TINYINT	1	是	入口车道数	含 ETC 车道数
7	EETCCount	TINYINT	1	是	入口 ETC 车道数	
8	XlaneCount	TINYINT	1	是	出口车道数	含 ETC 车道数
9	XETCCount	TINYINT	1	是	出口 ETC 车道数	
10	WriteTime	DATETIME	8	否	写入时间	
11	Remark	VARCHAR(50)	—	是	备注	
12	Status	TINYINT	1	否	记录状态	缺省时为0

5 服务区节点信息 LWServiceAreaInfo(表 E-5)

表 E-5 服务区节点信息 LWServiceAreaInfo

服务区节点信息 LWServiceAreaInfo						
序号	数据项名	数据类型	字节	是否可空	中文名称	字段注释(示例)
1	RoadID	VARCHAR(20)	—	否	路线编号	
2	ServiceID	VARCHAR(20)	—	否	服务区代码	
3	ServiceName	VARCHAR(50)	—	否	服务区名称	
4	ServiceType	VARCHAR(20)	—	是	服务区类型	大型、一般
5	StakeID	NUMERIC(10,3)	—	否	服务区位置桩号	
6	ServiceLocation	VARCHAR(50)	—	是	服务区位置描述	例:北京—哈尔滨双向
7	ServiceScope	VARCHAR(50)	—	是	服务区服务范围	例:加油、餐饮

续上表

序号	数据项名	数据类型	字节	是否可空	中文名称	字段注释(示例)
8	ServiceStar	CHAR(1)	—	是	服务区质量等级	1-一星级; 2-二星级; 3-三星级; 4-四星级; 5-五星级
9	WriteTime	DATETIME	8	否	写入时间	
10	Remark	VARCHAR(50)	—	是	备注	
11	Status	TINYINT	1	否	记录状态	缺省时为0

6　出入口节点信息 LWEntryExitInfo(表E-6)

表E-6　出入口节点信息 LWEntryExitInfo

出入口节点信息 LWEntryExitInfo						
序号	数据项名	数据类型	字节	是否可空	中文名称	字段注释(示例)
1	RoadID	VARCHAR(20)	—	否	路线编号	
2	EntryExitID	VARCHAR(20)	—	是	出入口编号	例:25
3	EntryExitName	VARCHAR(50)	—	是	出入口名称	例:西集出入口
4	StakeID	NUMERIC(10,3)	—	否	出入口位置桩号	
5	NodeType	VARCHAR(10)	—	是	出入口类型	出口/入口/出入口
6	JoinRoadID	VARCHAR(20)	—	是	连接路线编号	例:G103
7	JoinStakeID	NUMERIC(10,3)	—	是	连接路线桩号	
8	JoinTourist	VARCHAR(100)	—	是	出口连接旅游景点描述	
9	WriteTime	DATETIME	8	否	写入时间	
10	Remark	VARCHAR(50)	—	是	备注	
11	Status	TINYINT	1	否	记录状态	缺省时为0

7　公路管理或经营单位数据 LWOrgInfo(表E-7)

表E-7　公路管理或经营单位数据 LWOrgInfo

公路管理或经营单位数据 LWOrgInfo						
序号	数据项名	数据类型	字节	是否为空	中文名称	字段注释(示例)
1	OrgID	VARCHAR(20)	—	否	单位代码	
2	RoadID	VARCHAR(20)	—	否	路线编号	
3	Region	VARCHAR(6)	—	否	所属行政区域代码	
4	OrgName	VARCHAR(100)	—	否	单位名称	
5	OrgTag	VARCHAR(50)	—	是	单位简称	
6	OrgManager	VARCHAR(20)	—	是	单位负责人姓名	

续上表

序号	数据项名	数据类型	字节	是否为空	中文名称	字段注释(示例)
7	OrgAddress	VARCHAR(100)	—	是	单位通信地址	
8	PostCode	CHAR(6)	—	是	邮政编码	
9	Telephone	VARCHAR(20)	—	是	联系电话	
10	FAX	VARCHAR(20)	—	是	传真	
11	Moblie	VARCHAR(20)	—	是	联系移动电话	
12	Email	VARCHAR(50)	—	是	联系电子邮件	
13	WriteTime	DATETIME	8	否	写入时间	
14	Remark	VARCHAR(50)	—	是	备注	
15	Status	TINYINT	1	否	记录状态	缺省时为0

8 公路监测设施基本信息 LWDeviceInfo(表 E-8)

表 E-8 公路监测设施基本信息 LWDeviceInfo

公路监测设施基本信息 LWDeviceInfo						
序号	数据项名	数据类型	字节	是否可空	中文名称	字段注释(示例)
1	RoadID	VARCHAR(20)	—	否	路线编号	
2	DeviceID	VARCHAR(20)	—	否	设备代码	
3	DeviceName	VARCHAR(50)	—	是	设备名称	
4	DeviceType	VARCHAR(20)	—	否	设备类型	
5	StakeID	Numeric(10,3)	—	是	设备位置桩号	
6	DeviceDirection	TINYINT	1	是	设备控制方向	0-上行;1-下行;2-双向
7	DeviceStatus	TINYINT	1	是	设备状态	0-正常;1-故障;2-未知
8	Longitude	VARCHAR(20)	—	是	位置经度	
9	Latitude	VARCHAR(20)	—	是	位置纬度	
10	WriteTime	DATETIME	8	否	写入时间	
11	Remark	VARCHAR(50)	—	是	备注	
12	Status	TINYINT	1	否	记录状态	缺省时为0

E.1.3.2 公路网运行信息上传数据

本部分的数据结构定义用于规范省级路网平台及监测点等设施进行实时数据上传的信息格式。

1 断面交通量数据 LWVDData(表 E-9)

表 E-9 断面交通量数据 LWVDData

断面交通量数据 LWVDData						
序号	数据项名	数据类型	字节	是否可空	中文名称	字段注释(示例)
1	RoadID	VARCHAR(20)	—	否	路线编号	
2	VDID	VARCHAR(20)	—	否	设备代码	

续上表

序号	数据项名	数据类型	字节	是否可空	中文名称	字段注释(示例)
3	RecTime	DATETIME	8	是	采样时间	
4	RecPeriod	SMALLINT	2	是	采样周期	单位:min
5	TrafficUpB	INT	4	是	上行大车车辆数	
6	TrafficUpS	INT	4	是	上行小车车辆数	
7	SpeedUpB	SMALLINT	2	是	上行大车平均速度	
8	SpeedUpS	SMALLINT	2	是	上行小车平均速度	
9	TrafficDownB	INT	4	是	下行大车车辆数	
10	TrafficDownS	INT	4	是	下行小车车辆数	
11	SpeedDownB	SMALLINT	2	是	下行大车平均速度	
12	SpeedDownS	SMALLINT	2	是	下行小车平均速度	
13	WriteTime	DATETIME	8	否	写入时间	
14	Remark	VARCHAR(50)	—	是	备注	
15	Status	TINYINT	1	否	记录状态	缺省时为 0

2　地点速度数据 LWVDSpeedData(表 E-10)

表 E-10　地点速度数据 LWVDSpeedData

地点速度数据 LWVDSpeedData						
序号	数据项名	数据类型	字节	是否可空	中文名称	字段注释(示例)
1	RoadID	VARCHAR(20)	—	否	路线编号	
2	VDID	VARCHAR(20)	—	否	设备代码	
3	RecTime	DATETIME	8	是	采样时间	
4	VehType	VARCHAR(4)	—	是	车辆类型	大车/小车
5	Speed	SMALLINT	2	是	车辆速度	
6	WriteTime	DATETIME	8	否	写入时间	
7	Remark	VARCHAR(50)	—	是	备注	
8	Status	TINYINT	1	否	记录状态	缺省时为 0

3　收费站数据信息 LWTOLLData(表 E-11)

表 E-11　收费站数据信息 LWTOLLData

收费站数据信息 LWTOLLData						
序号	数据项名	数据类型	字节	是否可空	中文名称	字段注释(示例)
1	RoadID	VARCHAR(20)	—	否	路线编号	
2	EntryStationID	VARCHAR(20)	—	否	入口收费站代码	
3	ExitStationID	VARCHAR(20)	—	否	出口收费站代码	
4	EntryTime	DATETIME	8	否	入口时间	
5	ExitTime	DATETIME	8	否	出口时间	

续上表

序号	数据项名	数据类型	字节	是否可空	中文名称	字段注释(示例)
6	VehType	TINYINT	1	否	车型	1-一型车; 2-二型车; 3-三型车; 4-四型车; 5-五型车
7	VehKind	TINYINT	1	否	车种	0-客车;1-货车
8	RoadLen	INT	4	否	行驶里程	
9	WriteTime	DATETIME	8	否	写入时间	
10	Remark	VARCHAR(50)	—	是	备注	
11	Status	TINYINT	1	否	记录状态	缺省时为0

注:此表中车型和车种用于推导路网运行监测指标所需的车型信息。

4 路网环境气象原始数据 LWWSData(表 E-12)

表 E-12 气象检测器原始数据 LWWSData

气象检测器原始数据 LWWSData						
序号	数据项名	数据类型	字节	是否可空	中文名称	字段注释(示例)
1	RoadID	VARCHAR(20)	—	否	路线编号	
2	WSID	VARCHAR(20)	—	否	设备代码	
3	RecTime	DATETIME	8	是	采集时间	
4	RecPeriod	SMALLINT	2	是	采样周期	单位:min
5	Temp	NUMERIC(4,1)	—	是	大气温度	单位:0.1℃
6	Humidity	NUMERIC(4,1)	—	是	相对湿度	
7	WindSpeed	NUMERIC(4,1)	—	是	风速	单位:m/s
8	WindDir	SMALLINT	2	是	风向(以北为0°,顺时针)	
9	Rain	NUMERIC(4,1)	—	是	降水量	单位:mm
10	Visbility	INT	8	是	能见度	单位:m
11	IsIceSnow	VARCHAR(2)	—	是	路面是否有冰雪	是/否
12	IsHumidity	VARCHAR(2)	—	是	路面是否潮湿	是/否
13	IsDry	VARCHAR(2)	—	是	路面是否干燥	是/否
14	SurfaceTemp	NUMERIC(4,1)	—	是	路面温度	单位:0.1℃
15	WriteTime	DATETIME	8	否	写入时间	
16	Remark	VARCHAR(50)	—	是	备注	
17	Status	TINYINT	1	否	记录状态	缺省时为0

注:静风时,风向固定记为“999”。

5　路况事件数据 LWBlockData(表 E-13)

表 E-13　路况事件数据 LWBlockData

路况事件数据 LWBlockData						
序号	数据项名	数据类型	字节	是否可空	中文名称	字段注释(示例)
1	RoadID	VARCHAR(20)	—	否	路线编号	
2	RecTime	DATETIME	8	是	发现时间	
3	PrestoreTime	DATETIME	8	是	计划恢复时间	
4	FrestoreTime	DATETIME	8	是	实际恢复时间	
5	StartStakeID	Numeric(10,3)	—	否	阻断起点桩号	
6	EndStakeID	Numeric(10,3)	—	否	阻断止点桩号	
7	Dir	TINYINT	1	否	阻断方向	0-上行; 1-下行;2-双向
8	ReasonID	VARCHAR(32)	—	否	阻断原因代码	
9	Reason	VARCHAR(50)	—	是	阻断原因	
10	Content	VARCHAR(200)	—	是	现场情况描述	
11	Photo	IMAGE	—	是	现场照片	
12	Region1	VARCHAR(24)	—	否	阻断发生所在行政区划	6 位标准行政区划代码
13	Region2	VARCHAR(24)	—	否	阻断主要影响行政区划	
14	MeasureID	VARCHAR(32)	—	是	处置措施代码	
15	Measure	VARCHAR(100)	—	是	处置措施	
16	MeasureDetail	VARCHAR(1024)	—	是	处置措施方案	
17	FillName	VARCHAR(20)	—	是	填报人姓名	
18	FillPhone	VARCHAR(20)	—	是	填报人联系电话	
19	RestoreDetail	VARCHAR(1024)	—	是	恢复情况	
20	Injury	SMALLINT	2	是	伤人数	单位:人
21	Die	SMALLINT	2	是	亡人数	单位:人
22	BadVeh	SMALLINT	2	是	毁坏车辆	
23	HoldPerson	SMALLINT	2	是	滞留人员	
24	HoldVeh	SMALLINT	2	是	滞留车辆	
25	BlockLen	SMALLINT	2	是	拥堵情况	单位:km
26	PropertyLoss	SMALLINT	2	是	路产损失	单位:万元
27	CheckTime	DATETIME	8	是	审核时间	
28	IssueTime	DATETIME	8	是	发布时间	
29	BlockLevel	TINYINT	1	是	突发事件等级	1-Ⅰ级;2-Ⅱ级;3-Ⅲ级;4-Ⅳ级
30	WriteTime	DATETIME	8	否	写入时间	
31	Remark	VARCHAR(50)	—	是	备注	
32	Status	TINYINT	1	否	记录状态	缺省时为 0

注:此表中的数据项用于与部路况信息管理系统的阻断数据进行数据交换。

6　基础设施运行状态数据 LWInfraData(表 E-14)

表 E-14　基础设施运行状态数据 LWInfraData

基础设施运行状态数据 LWInfraData						
序号	数据项名	数据类型	字节	是否可空	中文名称	字段注释(示例)
1	RoadID	VARCHAR(20)	—	否	路线编号	
2	BridgeID	VARCHAR(20)	—	否	桥梁代码	
3	BridgeName	VARCHAR(50)	—	否	桥梁名称	
4	TunnelID	VARCHAR(20)	—	否	隧道代码	
5	TunnelName	VARCHAR(50)	—	否	隧道名称	
6	Dir	TINYINT	1	否	路段方向	0-上行;1-下行;2-双向
7	InfraStatus	CHAR(1)	—	否	设施状态	1-桥梁技术状况 1 类; 2-桥梁技术状况 2 类; 3-桥梁技术状况 3 类; 4-桥梁技术状况 4 类; 5-桥梁技术状况 5 类; S-隧道情况正常; B-隧道情况存在异常; A-隧道异常情况显著
8	WriteTime	DATETIME	8	否	写入时间	
9	Remark	VARCHAR(50)	—	是	备注	
10	Status	TINYINT	1	否	记录状态	缺省时为 0

7　请求信息数据 LWReqData(表 E-15)

表 E-15　请求信息数据 LWReqData

请求信息数据 LWReqData						
序号	数据项名	数据类型	字节	是否可空	中文名称	字段注释(示例)
1	IssueUnit	VARCHAR(50)	—	否	发出请求单位(下级中心)	
2	AcceptUnit	VARCHAR(50)	—	否	接收请求单位(上级中心)	
3	IssueTime	DATETIME	8	否	发出时间	
4	ReqCont	VARCHAR(500)	2	是	请求内容	
5	ReqLevel	TINYINT	1	是	请求级别	1-重要请求; 2-一般请求
6	IssueMan	VARCHAR(20)	—	否	发送人姓名	
7	WriteTime	DATETIME	8	否	写入时间	
8	Remark	VARCHAR(50)	—	是	备注	
9	Status	TINYINT	1	否	记录状态	缺省时为 0

8　监测指标类——路段中断状态表 LWBreakSData(表 E-16)

表 E-16　路段中断状态表 LWBreakSData

路段中断状态表 LWBreakSData						
序号	数据项名	数据类型	字节	是否可空	中文名称	字段注释(示例)
1	StartLocation	VARCHAR(50)	—	否	起点位置	采用"路线编号 + 桩号"的形式,例如:G1 + 100.45
2	EndLocation	VARCHAR(50)	—	否	止点位置	采用"路线编号 + 桩号"的形式,例如:G1 + 103.45
3	BreakType	CHAR(1)	—	否	中断状态	可供车辆正常行驶的状态,用"1"表示;不能供车辆正常行驶的状态,用"0"表示
4	RecTime	DATETIME	8	否	采样时间	
5	WriteTime	DATETIME	8	否	写入时间	
6	Remark	VARCHAR(50)	—	是	备注	
7	Status	TINYINT	1	否	记录状态	缺省时为 0

9　监测指标类——通道中断状态表 LWBreakCData(表 E-17)

表 E-17　通道中断状态表 LWBreakCData

通道中断状态表 LWBreakCData						
序号	数据项名	数据类型	字节	是否可空	中文名称	字段注释(示例)
1	StartLocation	VARCHAR(50)	—	否	起点位置	采用"路线编号 + 桩号"的形式,例如:G1 + 100.45
2	EndLocation	VARCHAR(50)	—	否	止点位置	采用"路线编号 + 桩号"的形式,例如:G1 + 103.45
3	BreakType	CHAR(1)	—	否	中断状态	连通状态用"1"表示,中断状态"0"表示
4	RecTime	DATETIME	8	否	采样时间	
5	WriteTime	DATETIME	8	否	写入时间	
6	Remark	VARCHAR(50)	—	是	备注	
7	Status	TINYINT	1	否	记录状态	缺省时为 0

10　监测指标类——路网中断率表 LWBreakRData(表 E-18)

表 E-18　路网中断率表 LWBreakRData

路网中断率表 LWBreakRData						
序号	数据项名	数据类型	字节	是否可空	中文名称	字段注释(示例)
1	NetLocation	VARCHAR(1000)	—	否	路网位置	
2	NetDiscribe	VARCHAR(1000)	—	否	路网描述	对路网组成的文字性描述
3	BreakType	CHAR(1)	—	否	中断率等级	0-高;1-中;2-低
4	RecTime	DATETIME	8	否	采样时间	

续上表

序号	数据项名	数据类型	字节	是否可空	中文名称	字段注释(示例)
5	WriteTime	DATETIME	8	否	写入时间	
6	Remark	VARCHAR(50)	—	是	备注	
7	Status	TINYINT	1	否	记录状态	缺省时为0

注:路网位置由多条路线的多个路段组成,采用字符串拼接的形式,即"起点位置-止点位置,起点位置-止点位置……起点位置-止点位置."的形式。其中"起点位置"和"止点位置"采用"路线编号+桩号"的形式,中杠采用英文半角的"-",逗号采用英文半角的",",以英文半角句号"."结束。例如:"G1+100.45-G1+103.45,G2+20.00-G2+40.00,G45+0.00-G45+150.90."。示例主要是指由G1的K100.45至G1的103.45、G2的K20.00至G2的K40.00以及G45的K40.00至G45的150.90这三条路的三个路段组成的路网(本示例路网不特指含有实际意义的路网)。

11　监测指标类——路段拥挤度表LWCrowdSData(表E-19)

表E-19　路段拥挤度表LWCrowdSData

路段拥挤度表LWCrowdSData

序号	数据项名	数据类型	字节	是否可空	中文名称	字段注释(示例)
1	StartLocation	VARCHAR(50)	—	否	起点位置	采用"路线编号+桩号"的形式,例如:G1+100.45
2	EndLocation	VARCHAR(50)	—	否	止点位置	采用"路线编号+桩号"的形式,例如:G1+103.45
3	CrowdType	CHAR(1)	—	否	拥挤度	0-畅通;1-基本畅通;2-轻度拥堵;3-中度拥堵;4-严重拥堵
4	RecTime	DATETIME	8	否	采样时间	
5	WriteTime	DATETIME	8	否	写入时间	
6	Remark	VARCHAR(50)	—	是	备注	
7	Status	TINYINT	1	否	记录状态	缺省时为0

12　监测指标类——通道拥挤度表LWCrowdCData(表E-20)

表E-20　通道拥挤度表LWCrowdCData

通道中断状态表LWCrowdCData

序号	数据项名	数据类型	字节	是否可空	中文名称	字段注释(示例)
1	StartLocation	VARCHAR(50)	—	否	起点位置	采用"路线编号+桩号"的形式,例如:G1+100.45
2	EndLocation	VARCHAR(50)	—	否	止点位置	采用"路线编号+桩号"的形式,例如:G1+103.45
3	CrowdType	CHAR(1)	—	否	拥挤度	0-畅通;1-基本畅通;2-轻度拥堵;3-中度拥堵;4-严重拥堵
4	RecTime	DATETIME	8	否	采样时间	
5	WriteTime	DATETIME	8	否	写入时间	
6	Remark	VARCHAR(50)	—	是	备注	
7	Status	TINYINT	1	否	记录状态	缺省时为0

13 监测指标类——路网拥挤度表 LWCrowdRData(表 E-21)

表 E-21 路网拥挤度表 LWCrowdRData

路网拥挤度表 LWCrowdRData						
序号	数据项名	数据类型	字节	是否可空	中文名称	字段注释(示例)
1	NetLocation	VARCHAR(1000)	—	否	路网位置	
2	NetDiscribe	VARCHAR(1000)	—	否	路网描述	对路网组成的文字性描述
3	CrowdType	CHAR(1)	—	否	路网拥挤度等级	0-高;1-较高;2-中;3-较低;4-低
4	RecTime	DATETIME	8	否	采样时间	
5	WriteTime	DATETIME	8	否	写入时间	
6	Remark	VARCHAR(50)	—	是	备注	
7	Status	TINYINT	1	否	记录状态	缺省时为 0

14 监测指标类——路段环境指数表 LWEnvirSData(表 E-22)

表 E-22 路段环境指数表 LWEnvirSData

路段环境指数表 LWEnvirSData						
序号	数据项名	数据类型	字节	是否可空	中文名称	字段注释(示例)
1	StartLocation	VARCHAR(50)	—	否	起点位置	采用"路线编号 + 桩号"的形式,例如:G1 +100.45
2	EndLocation	VARCHAR(50)	—	否	止点位置	采用"路线编号 + 桩号"的形式,例如:G1 +103.45
3	TrafficType	CHAR(1)	—	否	交通组成特征指数	0-高;1-中;2-低
4	EnvirType	CHAR(1)	—	否	气象环境特征指数	0-好;1-中;2-差
5	RecTime	DATETIME	8	否	采样时间	
6	WriteTime	DATETIME	8	否	写入时间	
7	Remark	VARCHAR(50)	—	是	备注	
8	Status	TINYINT	1	否	记录状态	缺省时为 0

15 监测指标类——通道环境指数表 LWEnvirCData(表 E-23)

表 E-23 通道环境指数表 LWEnvirCData

通道环境指数表 LWEnvirCData						
序号	数据项名	数据类型	字节	是否可空	中文名称	字段注释(示例)
1	StartLocation	VARCHAR(50)	—	否	起点位置	采用"路线编号 + 桩号"的形式,例如:G1 +100.45
2	EndLocation	VARCHAR(50)	—	否	止点位置	采用"路线编号 + 桩号"的形式,例如:G1 +103.45
3	EnvirType	CHAR(1)	—	否	环境指数	0-好;1-中;2-差

续上表

序号	数据项名	数据类型	字节	是否可空	中文名称	字段注释(示例)
4	RecTime	DATETIME	8	否	采样时间	
5	WriteTime	DATETIME	8	否	写入时间	
6	Remark	VARCHAR(50)	—	是	备注	
7	Status	TINYINT	1	否	记录状态	缺省时为0

16 监测指标类——路网环境指数表 LWEnvirRData(表 E-24)

表 E-24 路网环境指数表 LWEnvirRData

路网环境指数表 LWEnvirRData						
序号	数据项名	数据类型	字节	是否可空	中文名称	字段注释(示例)
1	NetLocation	VARCHAR(1000)	—	否	路网位置	
2	NetDiscribe	VARCHAR(1000)	—	否	路网描述	对路网组成的文字性描述
3	EnvirType	CHAR(1)	—	否	环境指数	0-好;1-中;2-差
4	RecTime	DATETIME	8	否	采样时间	
5	WriteTime	DATETIME	8	否	写入时间	
6	Remark	VARCHAR(50)	—	是	备注	
7	Status	TINYINT	1	否	记录状态	缺省时为0

17 监测指标类——节点通阻度表 LWYNBlockNData(表 E-25)

表 E-25 节点通阻度表 LWYNBlockNData

节点通阻度表 LWYNBlockNData						
序号	数据项名	数据类型	字节	是否可空	中文名称	字段注释(示例)
1	NodeLocation	VARCHAR(50)	—	否	节点位置	采用"路线编号+桩号"的形式,例如:G1+100.45
2	NodeDiscribe	VARCHAR(50)	—	否	节点位置描述	对节点位置的文字性描述
3	YNBlockType	CHAR(1)	—	否	节点通阻度	节点通阻度根据公路节点的排队长度是否超过一定限值进行分析,超过限值为拥堵状态,用"1"表示;未超过限值为畅通状态,用"0"表示
4	RecTime	DATETIME	8	否	采样时间	
5	WriteTime	DATETIME	8	否	写入时间	
6	Remark	VARCHAR(50)	—	是	备注	
7	Status	TINYINT	1	否	记录状态	缺省时为0

18　监测指标类——通道节点通阻度表 LWYNBlockCData(表 E-26)

表 E-26　通道节点通阻度表 LWYNBlockCData

通道节点通阻度表 LWYNBlockCData						
序号	数据项名	数据类型	字节	是否可空	中文名称	字段注释(示例)
1	StartLocation	VARCHAR(50)	—	否	起点位置	采用“路线编号＋桩号”的形式,例如:G1＋100.45
2	EndLocation	VARCHAR(50)	—	否	止点位置	采用“路线编号＋桩号”的形式,例如:G1＋103.45
3	YNBlockType	CHAR(1)	—	否	通道节点通阻度等级	0-高;1-中;2-低
4	RecTime	DATETIME	8	否	采样时间	
5	WriteTime	DATETIME	8	否	写入时间	
6	Remark	VARCHAR(50)	—	是	备注	
7	Status	TINYINT	1	否	记录状态	缺省时为0

19　监测指标类——路网节点通阻度表 LWYNBlockRData(表 E-27)

表 E-27　路网节点通阻度表 LWYNBlockRData

路网节点通阻度表 LWYNBlockRData						
序号	数据项名	数据类型	字节	是否可空	中文名称	字段注释(示例)
1	NetLocation	VARCHAR(1000)	—	否	路网位置	
2	NetDiscribe	VARCHAR(1000)	—	否	路网描述	对路网组成的文字性描述
3	YNBlockType	CHAR(1)	—	否	路网节点通阻度等级	0-高;1-中;2-低
4	RecTime	DATETIME	8	否	采样时间	
5	WriteTime	DATETIME	8	否	写入时间	
6	Remark	VARCHAR(50)	—	是	备注	
7	Status	TINYINT	1	否	记录状态	缺省时为0

20　监测指标类——通道运行状态表 LWStatusCData(表 E-28)

表 E-28　通道运行状态表 LWStatusCData

通道运行状态表 LWStatusCData						
序号	数据项名	数据类型	字节	是否可空	中文名称	字段注释(示例)
1	StartLocation	VARCHAR(50)	—	否	起点位置	采用“路线编号＋桩号”的形式,例如:G1＋100.45
2	EndLocation	VARCHAR(50)	—	否	止点位置	采用“路线编号＋桩号”的形式,例如:G1＋103.45
3	StatusType	CHAR(1)	—	否	通道运行状态	0-优;1-良;2-中;3-次;4-差
4	RecTime	DATETIME	8	否	采样时间	
5	WriteTime	DATETIME	8	否	写入时间	
6	Remark	VARCHAR(50)	—	是	备注	
7	Status	TINYINT	1	否	记录状态	缺省时为0

21　监测指标类——路网综合运行指数表 LWIndexRData(表 E-29)

表 E-29　路网综合运行指数表 LWIndexRData

路网综合运行指数表 LWIndexRData						
序号	数据项名	数据类型	字节	是否可空	中文名称	字段注释(示例)
1	NetLocation	VARCHAR(1000)	—	否	路网位置	
2	NetDiscribe	VARCHAR(1000)	—	否	路网描述	对路网组成的文字性描述
3	IndexType	CHAR(1)	—	否	路网综合运行指数	1-Ⅰ级;2-Ⅱ级;3-Ⅲ级;4-Ⅳ级;5-Ⅴ级
4	RecTime	DATETIME	8	否	采样时间	
5	WriteTime	DATETIME	8	否	写入时间	
6	Remark	VARCHAR(50)	—	是	备注	
7	Status	TINYINT	1	否	记录状态	缺省时为0

E.1.3.3　公路网运行信息下发数据

本部分的数据结构定义用于规范部级路网平台下发至省级路网平台的部分信息格式。

1　协调指令和信息数据表 LWInfoCommData(表 E-30)。

表 E-30　协调指令和信息数据表 LWInfoCommData

协调指令和信息数据表 LWInfoCommData						
序号	数据项名	数据类型	字节	是否可空	中文名称	字段注释(示例)
1	IssueUnit	VARCHAR(50)	—	否	发布单位	
2	AcceptUnit	VARCHAR(50)	—	否	接收单位	
3	IssueTime	DATETIME	8	否	下发时间	
4	InfoCont	VARCHAR(500)	2	是	信息内容	
5	AvailTime	DATETIME	—	是	有效期截止时间	
6	IssueMan	VARCHAR(20)		否	下发人姓名	
7	WriteTime	DATETIME	8	否	写入时间	
8	Remark	VARCHAR(50)	—	是	备注	
9	Status	TINYINT	1	否	记录状态	缺省时为0

2　公路网交通运行数据:参见表 E-9 ~ 表 E-14。

3　部级公路网运行状态监测指标信息:参见表 E-16 ~ 表 E-29。

4　重特大突发事件的应急处置和交通组织指令、信息及执行反馈:参见表 E-30。

5　公路应急资源的调度、部署指令:参见表 E-30。

6　应急宣传信息指令:参见表 E-30。

7　遥控摄像机控制指令数据表 LWCAMCommData(表 E-31):

表 E-31　遥控摄像机控制指令数据表 LWCAMCommData

遥控摄像机控制指令数据表 LWCAMCommData						
序号	数据项名	数据类型	字节	是否可空	中文名称	字段注释(示例)
1	IssueUnit	VARCHAR(50)	—	否	发布单位	
2	AcceptUnit	VARCHAR(50)	—	否	接收单位	
3	IssueTime	DATETIME	8	否	下发时间	
4	InstruCont	VARCHAR(500)	2	是	指令内容	
5	AvailTime	DATETIME	—	是	有效期截止时间	
6	CAMID	VARCHAR(20)	2	否	摄像机代码	
7	InstruLevel	TINYINT	—	是	指令级别	1-重要,即时控制;2-一般,允许等待
8	IssueMan	VARCHAR(20)		否	下发人姓名	
9	WriteTime	DATETIME	8	否	写入时间	
10	Remark	VARCHAR(50)	—	是	备注	
11	Status	TINYINT	1	否	记录状态	缺省时为0

8　部级路网平台下发的其他信息:参见表 E-30。

E.2　数据项编码规范

路网管理平台数据项存储及编码的基本规则是:实用、有效、简练、完备、可扩展。在遵循有关国际和国内标准的基础上,各类编号的定义主要采用可变字符串、数值、二进制等编码方式,将来可在此基础上实现扩展。

1　路线编号定义

路线编号,按《国家高速公路网命名和编号规则》(JTG A03—2007)、《公路路线标识规则和国道编号》(GB/T 917—2009)等相关规定填写。

2　桩号定义

各类桩号的定义为数字类型,单位为公里(km),保留三位小数,如:324.367。

3　桥梁代码定义

公路沿线桥梁的唯一编码。

桥梁代码组成:路线编号 +6 位行政区划编码 + B +1 位桥梁类型 +4 位数字。

1)桥梁代码中的6 位行政区划代码精确到县级行政区划;

2)1 位桥梁类型:0-特大桥;1-大桥;2-中桥;3-小桥;

3)4 位数字从 0001 开始,相同路线相同类型顺延编号。

4　隧道代码定义

公路沿线隧道的全国唯一编码。

隧道代码组成:路线编号 +6 位行政区划编码 + U +1 位隧道类型 +4 位数字。

1)隧道代码中的6 位行政区划代码精确到县级行政区划;

2)1 位隧道类型:0-特长隧道;1-长隧道;2-中隧道;3-短隧道;

3)4 位数字从 0001 开始,相同路线相同类型顺延编号。

5　收费站代码定义

公路沿线收费站的全国唯一编码。

收费站代码组成:路线编号 +6 位行政区划编码 + S +1 位收费站类型 +4 位数字。

1)收费站代码中的 6 位行政区划代码精确到县级行政区划;

2)1 位收费站类型:0-主线收费站;1-匝道收费站;

3)4 位数字从 0001 开始,相同路线相同类型顺延编号。

6　服务区代码定义

公路沿线服务区的全国唯一编码。

服务区代码组成:路线编号 +6 位行政区划编码 + A +1 位服务区类型 +4 位数字。

1)服务区代码中的 6 位行政区划代码精确到县级行政区划;

2)1 位服务区类型:0-大型服务区;1-一般规模服务区;

3)4 位数字从 0001 开始,相同路线相同类型顺延编号。

7　出入口代码定义

公路沿线出入口的全国唯一编码。

出入口代码组成:路线编号 +6 位行政区划编码 + E +1 位出入口类型 +4 位数字。

1)出入口代码中的 6 位行政区划代码精确到县级行政区划;

2)1 位出入口类型:0-出入口;1-出口;2-入口;

3)4 位数字从 0001 开始,相同路线相同类型顺延编号。

8　设备类型定义

设备类型采用两位编码,具体定义见表 E-32。

表 E-32　设备类型编码定义

类型代码	设备缩写	设备名称	类型代码	设备缩写	设备名称
01	VD	车辆检测器	11	LS	车道控制灯
02	VS	能见度检测器	12	PS	通行信号灯
03	VMS	可变情报板	13	RTU	外场控制器
04	CSLS	可变限速标志	14	JF	风机
05	ET	紧急电话	15	WD	风速风向
06	CAM	摄像机	16	LOLI	光强
07	EVENT	事件检测器	17	ATD	横洞防火门
08	WS	气象检测器	18	PUMP	消防水泵
09	CO	一氧化碳检测器	19	LIGHT	隧道照明
10	VI	氮氧化物检测器	20	FIRE	火灾报警

9　设备代码定义

公路沿线监测设施的全国唯一编码。

设备代码组成:路线编号 +6 位行政区划编码 + D +2 位设备类型 +4 位数字。

1)设备代码中的 6 位行政区划代码精确到县级行政区划;

2)2 位设备类型:详见设备类型定义;

3)4 位数字从 0001 开始,相同路线相同类型顺延编号。

10 单位代码定义

路段管理单位及运营单位的全国唯一编码。

单位代码组成:路线编号 +6 位行政区划编码 + Z +4 位数字。

1)单位代码中的 6 位行政区划代码精确到县级行政区划;

2)4 位数字从 0001 开始,相同路线顺延编号。

11 阻断原因及处置措施等定义

阻断原因及处置措施等定义详见《交通运输部公路交通阻断信息报送制度》中的相关说明。

E.3 业务数据交换接口规范

E.3.1 概述

各类交通运行数据交换接口采用中间库模式或 XML 文件格式。其中,以中间库模式进行信息交换的数据格式遵从附录 E.1 中所列数据项的数据项名、数据类型、字节、是否可空等规范要求,在此不再赘述;以 XML 文件格式进行信息交换的数据基于 XML(Extensible Markup Language)规范,采用 XML Schema 技术作为对象的文档结构定义标准,遵从附录 E.1 中所列数据项的数据项名、数据类型、字节、是否可空等规范要求,用于交换的 XML 实例文档需遵循下述相应数据项的 XML Schema 定义,否则不予验证通过。

E.3.2 上传内容组成

上传的数据内容由以下几部分构成:

——文档声明定义;

——名称空间定义;

——XML 规范包头定义;

——XML 规范包体定义(含正文规范、主键规范)。

以下是文档结构规范的详细描述。

1 文档声明定义

```
<? xml version = "1.0" encoding = "UTF - 8"? >
```

用于数据接口交换的文档需遵循 XML1.0 版本,编码格式采用 UTF-8。

用户实例文档对于文档声明的示例如下:

```
<? xml version = "1.0" encoding = "UTF - 8"? >
```

2 名称空间定义

名称空间定义遵循以下文档结构定义:

```
<xs:schema xmlns = http://lwzxdata.com
xmlns:xs = "http://www.w3.org/2001/XMLSchema"
targetNamespace = "http://lwzxdata.com" elementFormDefault = "qualified"
```

```
attributeFormDefault = "unqualified" >
```

定义 http://lwzxdata. com 作为目标名称空间声明。elementFormDefault = " qualified",定义了元素采用限定的形式,即所有全局元素及其子元素将被以缺省方式放到目标命名空间 http://lwzxdata. com 中。

例如:用户的接口实例文档的名称空间可按以下格式实现:

```
<DATA xmlns = http://lwzxdata. com
xmlns:xsi = "http://www. w3. org/2001/XMLSchema - instance"
xsi:schemaLocation = "http://lwzxdata. com example. xsd" >
```

其中 DATA 定义了一个全局的根元素,在各业务系统数据实际的文档定义中,将用相应的名称取代。“example. xsd”为规范文件名称。

3　包头定义

```
<xs:element name = "HEADER" >
  <xs:complexType >
    <xs:sequence >
      <xs:element name = "SEND_NAME" type = "xs:string"/ >
      <xs:element name = "RECEIVE_NAME" type = "xs:string"/ >
      <xs:element name = "INFO_LEN" type = "xs:unsignedInt"/ >
      <xs:element name = "SEND_TIME" type = "xs:dateTime"/ >
      <xs:element name = "CHECK_CODE" type = "xs:string"/ >
    </xs:sequence >
</xs:complexType >
</xs:element >
```

每个业务过程需遵循以上格式进行包头定义,包括发送方名称(SEND_NAME)、接收方名称(RECEIVE_NAME)、发送信息长度(INFO_LEN)、信息发送时间(SEND_TIME)、校验码(CHECK_CODE)等内容,各下级中心系统需按上述格式提供相应信息。

例如:用户的接口实例文档的包头可按以下格式实现:

```
<HEADER >
<SEND_NAME > * * 高速公路 </SEND_NAME >
<RECEIVE_NAME >部级路网中心 </RECEIVE_NAME >
<INFO_LEN >1000 </INFO_LEN >
<SEND_TIME >2009 - 12 - 28T17:59:19 </SEND_TIME >
<CHECK_CODE >1 </CHECK_CODE >
</HEADER >
```

4　正文规范

```
<xs:element name = "ROW" minOccurs = "0" maxOccurs = "unbounded" >
<xs:complexType >
    <xs:sequence >
      ……
    </xs:sequence >
```

```
</xs:complexType>
</xs:element>
```

每条记录将以 <ROW> 开头,以 </ROW> 结尾,记录条数不受限制。

例如:用户的接口实例文档的正文可按以下格式实现:

```
<ROW>
  <ROAD_ID>a</ROAD_ID>
  ……
  <STATUS>0</STATUS>
  <WRITETIME>2009-12-28T17:59:19</WRITETIME>
</ROW>
```

5 主键规范

字段中有主键的数据按以下规范定义:

```
<xs:key name="EXAMPLE_PrimaryKey_1">
  <xs:selector xpath=".//ROW"/>
  <xs:field xpath="主键数据项名称"/>
  <xs:field xpath="主键数据项名称"/>
</xs:key>
```

主键名称为某个业务数据的实际主键名称,selector 声明定义了主键约束的一个上下文范围,field 声明说明了受主键约束的某个节点名称。

以上部分介绍了有关 XML 的文档结构格式定义,用户提供的业务数据实例文档需遵循以上规范定义。

E.3.3 业务数据 XML 规范举例

以公路监测设施基本信息对象为例,介绍该对象的数据规范定义、字段详细说明、主键详细说明、实例等相关信息。

1 数据规范定义

```
<?xml version="1.0" encoding="UTF-8"?>
<xs:schema xmlns=http://lwzxdata.com/LWdeviceinfo
xmlns:xs="http://www.w3.org/2001/XMLSchema"
targetNamespace="http://lwzxdata.com/LWdeviceinfo"
elementFormDefault="qualified" attributeFormDefault="unqualified">
  <xs:element name="LWDeviceInfo">
        <xs:complexType>
          <xs:sequence>
            <xs:element name="HEADER">
              <xs:complexType>
                <xs:sequence>
                  <xs:element name="SEND_NAME" type="xs:string"/>
                  <xs:element name="RECEIVE_NAME" type="xs:string"/>
```

```
                <xs:element name="INFO_LEN" type="xs:unsignedInt"/>
                <xs:element name="SEND_TIME" type="xs:dateTime"/>
                <xs:element name="CHECK_CODE" type="xs:string"/>
              </xs:sequence>
            </xs:complexType>
          </xs:element>
          <xs:element name="ROW" minOccurs="0" maxOccurs="unbounded">
            <xs:complexType>
              <xs:sequence>
                <xs:element name="RoadID">
                  <xs:simpleType>
                    <xs:restriction base="xs:string">
                      <xs:maxLength value="20"/>
                      <xs:minLength value="1"/>
                    </xs:restriction>
                  </xs:simpleType>
                </xs:element>
                <xs:element name="DeviceID">
                  <xs:simpleType>
                    <xs:restriction base="xs:string">
                      <xs:maxLength value="20"/>
                      <xs:minLength value="1"/>
                    </xs:restriction>
                  </xs:simpleType>
                </xs:element>
                <xs:element name="DeviceName" nillable="true" minOccurs="0">
                  <xs:simpleType>
                    <xs:restriction base="xs:string">
                      <xs:maxLength value="50"/>
                    </xs:restriction>
                  </xs:simpleType>
                </xs:element>
                <xs:element name="DeviceType">
                  <xs:simpleType>
                    <xs:restriction base="xs:string">
<xs:maxLength value="20"/>
                      <xs:minLength value="1"/>
                    </xs:restriction>
                  </xs:simpleType>
                </xs:element>
```

```
<xs:element name="StakeID" nillable="true">
  <xs:simpleType>
    <xs:restriction base="xs:decimal">
      <xs:totalDigits value="10"/>
      <xs:fractionDigits value="3"/>
    </xs:restriction>
  </xs:simpleType>
</xs:element>
<xs:element name="DeviceDirection" nillable="true">
  <xs:simpleType>
    <xs:restriction base="xs:decimal">
      <xs:totalDigits value="3"/>
      <xs:fractionDigits value="0"/>
    </xs:restriction>
  </xs:simpleType>
</xs:element>
<xs:element name="DeviceStatus" nillable="true">
  <xs:simpleType>
    <xs:restriction base="xs:decimal">
      <xs:totalDigits value="3"/>
      <xs:fractionDigits value="0"/>
    </xs:restriction>
  </xs:simpleType>
</xs:element>
<xs:element name="Longitude" nillable="true" minOccurs="0">
  <xs:simpleType>
    <xs:restriction base="xs:string">
      <xs:maxLength value="20"/>
    </xs:restriction>
  </xs:simpleType>
</xs:element>
<xs:element name="Latitude" nillable="true" minOccurs="0">
  <xs:simpleType>
    <xs:restriction base="xs:string">
      <xs:maxLength value="20"/>
    </xs:restriction>
  </xs:simpleType>
</xs:element>
<xs:element name="WriteTime" type="xs:dateTime"/>
<xs:element name="Remark" nillable="true" minOccurs="0">
```

```
                    <xs:simpleType>
                      <xs:restriction base="xs:string">
                        <xs:maxLength value="50"/>
                      </xs:restriction>
                    </xs:simpleType>
                  </xs:element>
<xs:element name="Status" >
                    <xs:simpleType>
                      <xs:restriction base="xs:decimal">
                        <xs:totalDigits value="3"/>
                        <xs:fractionDigits value="0"/>
                      </xs:restriction>
                    </xs:simpleType>
                  </xs:element>
                </xs:sequence>
              </xs:complexType>
            </xs:element>
          </xs:sequence>
        </xs:complexType>
        <xs:key name="LWDeviceInfo_PrimaryKey_1">
          <xs:selector xpath=".//ROW"/>
          <xs:field xpath="DeviceID"/>
        </xs:key>
      </xs:element>
</xs:schema>
```

2　字段详细说明

字段详细说明见表 E-33。

表 E-33　字段详细说明

功能属性	记录各类监测设施基本信息		
名称空间	http://lwzxdata.com/LWdeviceinfo		
规范文件名称	LWDeviceInfo.xsd		
根元素名称	<LWDeviceInfo>		
字段名称	数据类型	字段说明	限定条件
<RoadID>	string	路线编号	非空;可变字符串;最大长度 20
<DeviceID>	string	设备代码	非空;可变字符串;最大长度 20
<DeviceName>	string	设备名称	可空;可变字符串;最大长度 50
<DeviceType>	string	设备类型	非空;可变字符串;最大长度 20
<StakeID>	decimal	设备位置桩号	可空;数字;最大长度 10;小数 3 位

续上表

字段名称	数据类型	字段说明	限定条件
< DeviceDirection >	decimal	设备控制方向	可空;数字;最大长度 3;无小数位;默认为 0
< DeviceStatus >	decimal	设备状态	可空;数字;最大长度 3;无小数位;默认为 0
< Longitude >	string	位置经度	可空;可变字符串;最大长度 20
< Latitude >	string	位置纬度	可空;可变字符串;最大长度 20
< WriteTime >	dateTime	写入时间	非空;时间类型
< Remark >	string	备注	可空;可变字符串;最大长度 50
< Status >	decimal	记录状态	非空;数字;最大长度 3;无小数位;默认为 0

3　主键说明

主键(key)名称:LWDeviceInfo_PrimaryKey_1

主键约束的范围(selector):元素组 < ROW > 节点内的各元素。

主键名称: < DeviceID >

4　满足此规范的实例

符合上述规范的路网监测点采集设备基本信息 XML 文档实例如下:


```
<? xml version = "1.0"  encoding = "UTF-8"?  >
<DEVICE_INFO_T xmlns = http://lwzxdata.com/LWdeviceinfo
xmlns:xsi = "http://www.w3.org/2001/XMLSchema - instance"
xsi:schemaLocation = "http://lwzxdata.com/LWdeviceinfo LWDeviceInfo.xsd" >
<HEADER>
      <SEND_NAME>华北高速</SEND_NAME>
      <RECEIVE_NAME>部级路网中心</RECEIVE_NAME>
      <INFO_LEN>1000</INFO_LEN>
      <SEND_TIME>2009 - 12 - 28T17:59:19</SEND_TIME>
      <CHECK_CODE>1</CHECK_CODE>
</HEADER>
      <ROW>
        <RoadID>G1</RoadID>
        <DeviceID>G11300000010001</DeviceID>
        <DeviceName>车辆检测器 0001</DeviceName>
        <DeviceType>01</DeviceType>
        <StakeID>124.367</StakeID>
        <DeviceDirection>0</DeviceDirection>
        <DeviceStatus>0</DeviceStatus>
        <Longitude>105.202</Longitude>
        <Latitude>28.509</Latitude>
        <WriteTime>2009 - 12 - 28T17:59:19</WriteTime>
        <Remark> </Remark>
        <Status>0</Status>
```

```
        </ROW>
        <ROW>
          <RoadID>G1</RoadID>
          ……
    </ROW>
</LWDeviceInfo>
```


E.4 视频数据交换接口规范

E.4.1 通信协议基本要求

部、省两级路网平台与接入控制系统之间的视频联网结构，简称为视频互联系统。

视频互联系统内部进行视频、数据等数据传输、交换、控制时，应遵循 E.4.1 所规定的通信协议，通信协议的结构见图 E-1。

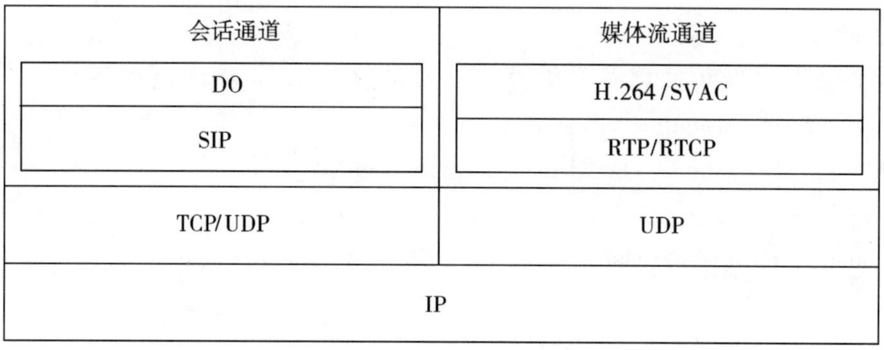

会话通道	媒体流通道
DO	H.264/SVAC
SIP	RTP/RTCP
TCP/UDP	UDP
IP	

图 E-1 通信协议结构图

视频互联系统在进行视频传输及控制时应建立两个传输通道：会话通道和视频流通道。会话通道用于在功能实体之间建立会话并传输控制命令；视频流通道用于传输视频数据，经过压缩编码的视频流采用流媒体协议 RTP/RTCP 传输。

1 会话初始协议

设备注册、实时流点播、历史视频回放、前端设备控制、设备目录信息等应用的会话控制采用 RFC 3261(SIP)规定的 REGISTER、INVITE 等请求和响应方法，以及扩展的 DO 方法实现。

SIP 消息应支持基于 UDP 和 TCP 的传输。

2 视频传输和视频编解码协议

视频流在视频互联系统 IP 网络上传输时应支持基于 UDP 的 RTP 传输，RTP 的负载应采用以下两种格式之一：基于 PS 封装的视频数据或视频基本流数据。视频流的传输应采用 RFC 3550 规定的 RTP 协议，提供实时数据传输中的时间戳信息及各数据流的同步；应采用 RFC 3550 规定的 RTCP 协议，为按序传输数据包提供可靠保证，提供流量控制和拥塞控制。

E.4.2 传输基本要求

1 网络传输协议要求

视频互联系统网络层应支持IP协议，传输层应支持TCP和UDP协议。

2 媒体传输协议要求

视频流在基于IP的网络上传输时应支持RTP/RTCP协议，视频流在视频互联系统IP网络上传输时应支持基于UDP的RTP传输。

3 传输延迟时间

当视频数据、控制指令经由IP网络传输时，端到端的信息延迟时间（包括发送端信息采集、编码、网络传输、信息接收端解码、显示等过程所经历的时间）应满足下列要求：前端设备与用户终端设备间端到端的信息延迟时间应不大于4s。

4 网络传输带宽

部、省级接入控制系统之间的网络传输带宽应不小于20Mbit/s。

5 网络传输质量

视频互联系统IP网络的传输质量（如传输时延、包丢失率、包误差率等）应符合以下要求：

1）网络时延上限值为500ms；

2）时延抖动上限值为100ms；

3）丢包率上限值为1×10^{-2}；

4）包误差率上限值为1×10^{-3}。

6 视频帧率

本地录像时可支持的视频帧率应不低于25帧/s；图像格式为CIF时，网络传输的视频帧率应不低于25帧/s；图像格式为4CIF时，网络传输的视频帧率应不低于25帧/s。

E.4.3 交换基本要求

1 统一编码规则

对视频互联系统用到的前端设备、监控中心设备和用户终端等要进行统一编码，该编码具有全局唯一性。

2 视频压缩编解码

宜采用视频编解码标准H.264，在安防监控的SVAC标准发布并实施后，优先采用适用于安防监控的SVAC标准。

3 视频存储格式

视频数据的存储宜采用PS格式（见ISO/IEC 13818－1:2000）。

4 网络传输协议的转换

具有将不支持SIP互联协议的网络传输协议与网络层和传输层的网络传输协议进行双向协议转换的功能。

5 控制协议的转换

能将不支持SIP互联协议的设备控制协议与会话初始协议、DO方法进行双向协议转换。

6 媒体传输协议的转换

能将不支持 SIP 互联协议的媒体传输协议和数据封装格式与媒体传输协议中规定的媒体传输协议和数据封装格式进行双向协议转换。

7 媒体数据的转换

能将不支持 SIP 互联协议的媒体数据转换为符合媒体编码格式的数据。

E.4.4 控制基本要求

部级路网平台、部级接入控制系统、省级接入控制系统及省级路网平台之间存在系统互联和信息交换,而且相互连接之间的数据交换方式相同。为简化说明,定义上述互联结构简称为“连接对端单元”。

在以下图例中,连接对端单元一端设为 A 端,另一端设为 B 端,A 端和 B 端存在以下三种情况:

1)A 端是省级路网平台,则 B 端是省级接入控制系统;

2)A 端是省级接入控制系统,则 B 端是部级接入控制系统;

3)A 端是部级接入控制系统,则 B 端是部级路网平台。

1 设备注册

省级路网平台的视频监控系统应主动向省级接入控制系统进行注册,通报其内部的视频监控设备(如摄像机和其他前端设备等)的地址和状态等,并接收其控制消息。

部级接入控制系统应主动向部级路网平台进行注册,通报其内部的视频监控设备(如摄像机和其他前端设备等)的地址和状态等,并接收其控制消息。

接入控制系统和路网平台应支持注册登记、目录发送、心跳信息传递等消息。

2 监控图像获取

1)实时监控图像的获取

实时监控图像的获取过程应包括获取实时流、释放实时流。应使用 RFC 3261 中定义的方法 INVITE 获取一个摄像机的实时监控视频流。取消没有完成的连接应采用 CANCEL 方法。使用 RFC 3261 中定义的方法 BYE 停止接收一个摄像机的实时视频流,并释放相关资源。

2)历史图像的获取

历史图像的传输过程包括枚举文件列表、文件名点播、时间段点播、点播释放、点播控制等。通过网络浏览历史图像和备份历史图像宜使用相同的报文。

3 控制

接入控制系统、路网平台应能通过相连对端单元对其所辖的联网设备进行动作控制,主要包括云台控制、防尘罩(雨刮、除湿等)控制、互联监控图像并发数控制等。

4 查询

接入控制系统、路网平台应能通过相连对端单元实现对联网设备的状态信息查询,同时应支持目录信息查询、前端设备信息查询、前端设备状态查询、连接单元流量查询等。

E.4.5　传输、交换和控制安全性要求

1　设备身份认证

应对接入系统的所有设备进行统一编码，接入设备认证应根据不同情况采用不同的认证方式。

在低安全级别应用情况下，应采用基于口令的数字摘要认证方式对设备进行身份认证；在高安全级别应用情况下，应采用基于数字证书的认证方式对设备进行身份认证。

2　数据加密

在高安全级别应用情况下，宜在网络层采用 IPSec 或在传输层采用 TLS 对 SIP 消息实现逐跳安全加密；宜在应用层采用 S/MIME 机制的端到端加密（见 RFC 3261 的 23.3），传输过程中宜采用 RSA（1024 位或 2048 位）对会话密钥进行加密，传输内容宜采用 DES、3DES、AES（128）等算法加密。

在高安全级别应用情况下，数据存储宜采用 3DES、AES（128 位）、SM1 等算法进行加密。

3　数据完整性保护

联网系统宜采用数字摘要、数字时间戳及数字水印等技术防止信息的完整性被破坏，即防止恶意篡改系统数据。

4　访问控制

联网系统应实现统一的用户管理和授权，在身份鉴别的基础上，系统宜采用基于属性或基于角色的访问控制模型对用户进行访问控制。

E.4.6　控制、传输流程和协议接口

1　注册登记

注册登记流程如下（图 E-2）：

1）A 端向 B 端发送 REGISTER 消息；

2）B 端收到注册登记消息后应对注册登记信息进行验证、核准，对符合接入条件的 A 端进行注册登记；

3）连接对端单元应将注册成功或失败的消息返回给 A 端。

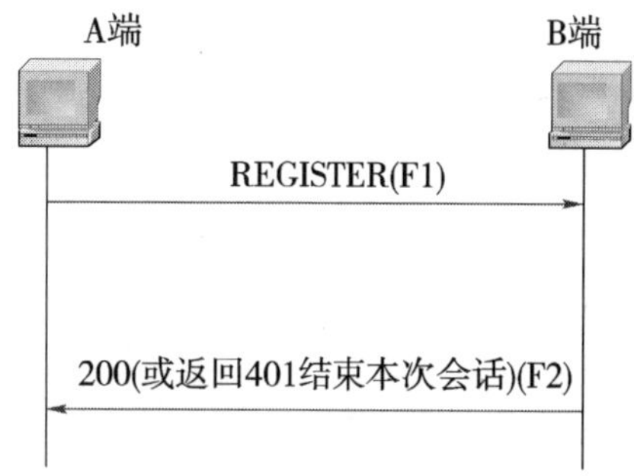

图 E-2　注册登记

2　目录发送

目录发送流程如下（图 E-3）：

1）需发送共享设备目录信息的 A 端向与之联网的 B 端发送 NOTIFY 消息；

2）B 端收到正确目录消息后更新本地目录数据库，同时应将目录接收成功或失败的消息返回给该 A 端；

3）目录信息以三级结构（连接单元、编码设备、摄像机）来发送，一次可发送一个或多个摄像机信息，使用 Status 字段来标识设备的工作状态。

3　心跳信息传递

A 端和 B 端通过注册登记过程中 REGISTER 消息的 Expires 字段来协商保活周期。如果 B 端在协商好的时间内未收到对端的 Keepalive 报文，则认为对端离线（宜在保活周期内发送 2 ~ 3 个 Keepalive 报文），不再响应后续发送过来的 Keepalive 报文，以触发对端重新发起注册流程。心跳信息传递流程见图 E-4。

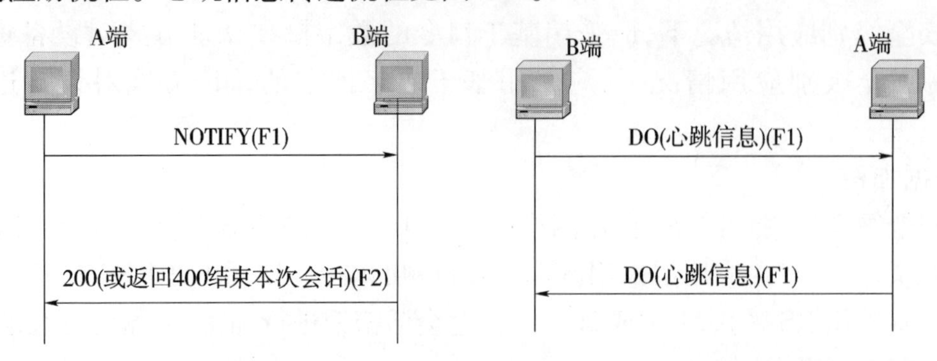

图 E-3　发送目录信息　　　　图 E-4　心跳信息传递

4　实时监控图像的获取

实时监控图像获取的主要流程如下（图 E-5）：

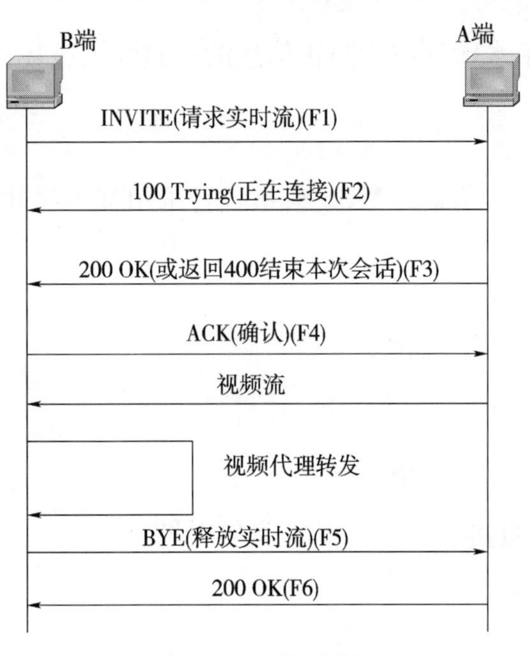

图 E-5　实时监控图像获取

1）B 端向 A 端发送 INVITE 请求，INVITE 请求的消息体应指明是实时监控图像获取（RealMedia）；

2）A 端收到 INVITE 请求后，在回送成功或失败的应答消息前如需一定的处理时间，可发送临时响应消息 100 Trying；

3）A 端应将同意或拒绝的消息返回给该 B 端；

4）B 端发送 ACK 消息前如欲取消本操作，可向 A 端发送 CANCEL 请求消息；

5）B 端收到 A 端同意确认消息 200 OK，应向 A 端发送 ACK 消息；

6）A 端收到 B 端发送的 ACK 消息后，可向 B 端发送实时监控视频流；

7）B 端欲释放实时流时，向 A 端发送 BYE 请求消息；

8）A 端收到 BYE 请求消息后，回送 200 OK 同意释放消息。

5　历史图像的获取

历史图像获取回放过程的主要流程如下（图 E-6）：

1）当 B 端欲以文件名方式获取历史图像时，应先获取指定编码监控设备的历史图像文件列表；

2）A 端收到 DO 消息后，应回送是否同意发送文件列表的响应消息；

3）B 端向 A 端发送 DO 请求，获取录像文件的 RTSP URL；

4）A 端应将 B 端请求的录像文件 URL 返回，其中包含 RTSP Server 地址；

5）B 端向 A 端发送符合 RFC2326 的 RTSP 控制命令，对历史图像的回放过程进行控制（开始、停止、暂停、快速和慢速播放、拖动等）。

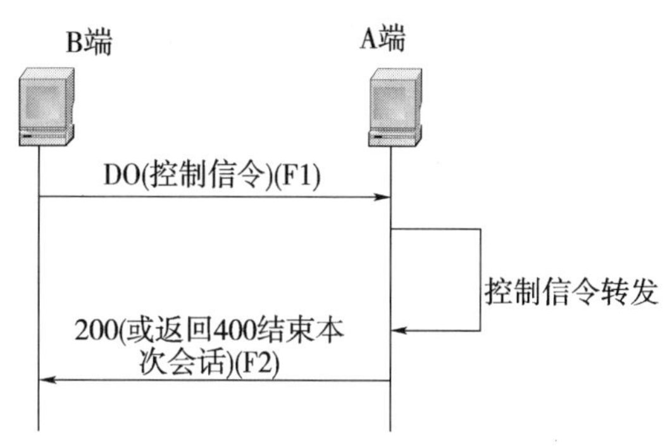

图 E-6　历史图像获取消息流程示意图

6　控制

控制流程如下（图 E-7）：

1）B 端向 A 端发送 DO 请求；

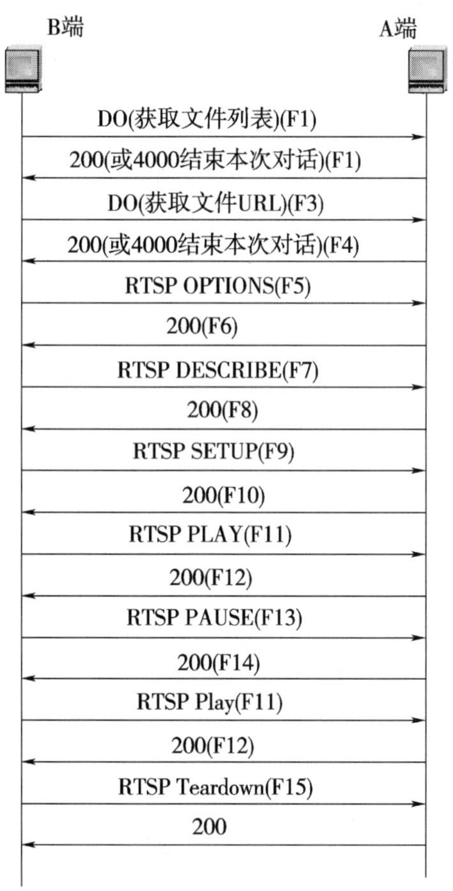

图 E-7　控制命令传输

2）A 端应将控制动作执行成功与否的响应消息返回给该 B 端；执行成功的确认响应消息的消息体应包含控制命令执行结果（Result）、所执行的控制命令码（Command）、在执行失败返回失败原因等。

7　目录信息查询

目录信息查询流程如下（图 E-8）：

1）B 端向 A 端发送 DO 请求，DO 请求的消息体应包括查询目录的协议的功能类型（Variable）、权限功能码（Privilege）等；

2）A 端应将查询成功与否的响应消息返回给该 B 端。

8　前端设备信息查询

前端设备信息查询流程如下（图 E-9）：

1）B 端向 A 端发送 DO 请求，DO 请求的消息体应包括查询前端设备信息的协议功能类型（Variable）、权限功能码（Privilege）等；

2）A 端应将查询成功与否的响应消息返回给该 B 端。

9　前端设备状态查询

前端设备状态查询流程如下（图 E-10）：

1）B 端向 A 端发送 DO 请求；

2）A 端应将查询成功与否的响应消息返回给该 B 端。

10　连接单元流量查询

接入单元带宽占用查询流程如下（图 E-11）：

1）B 端向 A 端发送 DO 请求；

2）A 端应将查询成功与否的响应消息返回给该 B 端；查询成功的确认响应消息的消息体应包含查询结果标志（Result）、连接单元总共可提供的带宽（All）（Free）、连接单元目前正在进行流媒体转发的路数(MediaLink)等。

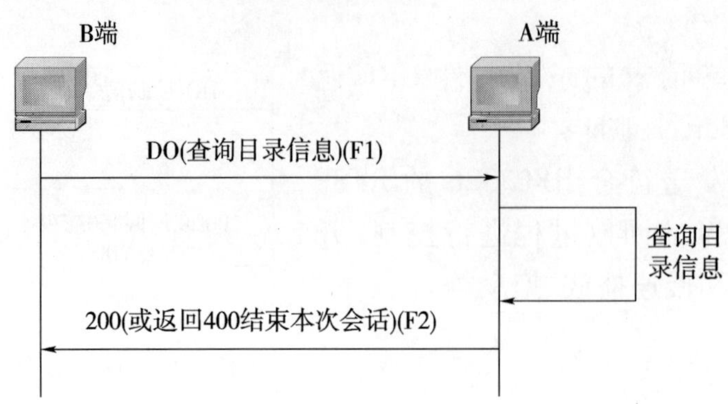

图 E-8　目录信息查询

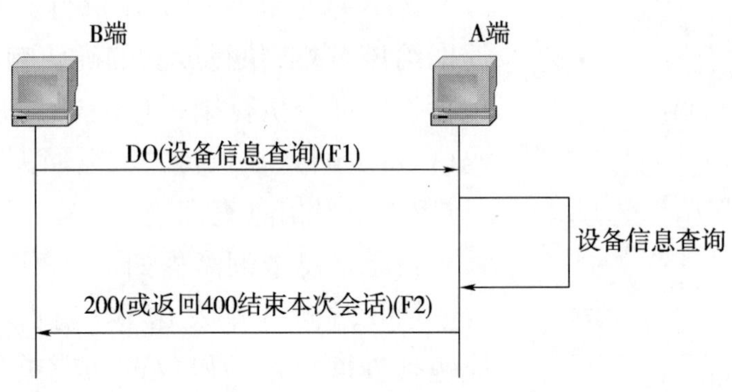

图 E-9　设备信息查询

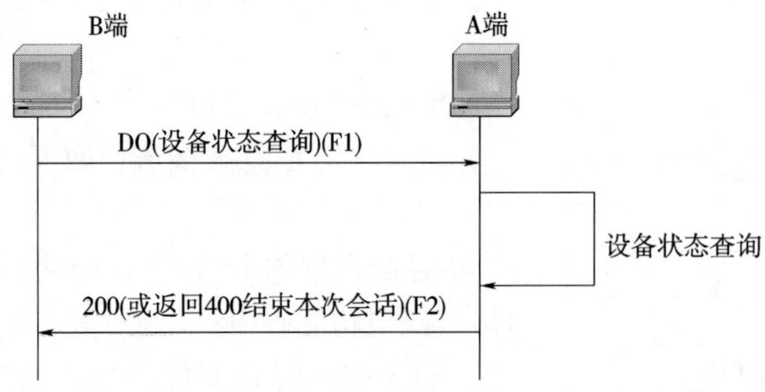

图 E-10　设备状态查询

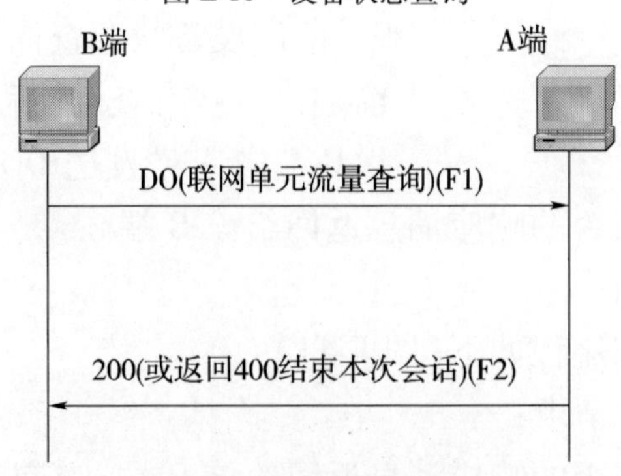

图 E-11　连接单元流量查询

附录 F 部、省级公路网运行监测与服务平台数据字典

F.1 范围

本部分规定部、省两级路网平台数据库中最基本的数据项和数据字典。

部、省两级路网平台数据库中有关公路基础数据、应急资源数据的数据项要求,可参考其他相关技术要求进行设计。

公路网运行数据的数据项和数据字典可根据部、省两级路网平台数据库设计进行补充和完善。

F.2 数据项(表 F-1)

表 F-1 数 据 项

断面交通流量信息				
序号	数据项名称	字段名	数据类型	说 明
1	路线编码	F001	字符	
2	设备编码	F002	字符	
3	数据检测时间	F003	日期	年月日时分秒
4	数据采集间隔	F004	整数	
5	上行大车车辆数	F006	整数	
6	上行小车车辆数	F007	整数	
7	上行大车平均速度	F008	整数	
8	上行小车平均速度	F009	整数	
9	下行大车车辆数	F010	整数	
10	下行小车车辆数	F011	整数	
11	下行大车平均速度	F012	整数	
12	下行小车平均速度	F013	整数	
13	写入时间	F014	日期	
14	备注	F015	字符	
15	记录状态	F016	整数	缺省时为 0

续上表

地点速度数据				
序号	数据项名称	字段名	数据类型	说　明
1	路线编号	F001	字符	
2	设备代码	F002	字符	
3	采样时间	F003	日期	
4	车辆类型	F004	整数	大车/小车
5	车辆速度	F005	整数	
6	写入时间	F006	日期	
7	备注	F007	字符	
8	记录状态	F008	整数	缺省时为0

收费站交通流量汇总数据				
序号	数据项名称	字段名	数据类型	说　明
1	路线编号	F001	字符	
2	收费站代码	F002	字符	
3	统计时间	F003	日期	年月日时分秒
4	统计时长	F004	整数	
5	入口交通流量	F005	整数	
6	出口交通流量	F006	整数	

收费站交通流量基本数据				
序号	数据项名称	字段名	数据类型	说　明
1	路线编号	F001	字符	
2	入口收费站代码	F002	字符	
3	出口收费站代码	F003	字符	
4	入口时间	F004	日期	
5	出口时间	F005	日期	
6	车型	F006	整数	1-一型车;2-二型车;3-三型车;4-四型车;5-五型车
7	车种	F007	整数	0-客车;1-货车
8	行驶里程	F008	整数	
9	写入时间	F009	日期	
10	备注	F010	字符	
11	记录状态	F011	整数	缺省时为0

续上表

公路气象数据				
序号	数据项名称	字段名	数据类型	说　　明
1	路线编码	F001	字符	
2	设备编码/气象站编码	F002	字符	
3	采集时间	F003	日期	年月日时分秒
4	采样周期	F004	整数	单位:min
5	大气温度	F005	小数	单位:0.1℃
6	相对湿度	F006	小数	
7	风速	F007	小数	单位:m/s
8	风向	F008	整数	以北为0°,顺时针
9	降水量	F009	小数	单位:mm
10	能见度	F010	整数	单位:m
11	路面是否有冰雪	F011	字符	是/否
12	路面是否潮湿	F012	字符	是/否
13	路面是否干燥	F013	字符	是/否
14	路面温度	F014	字符	单位:0.1℃
15	写入时间	F015	日期	
16	备注	F016	字符	
17	记录状态	F017	整数	缺省时为0

公路交通阻断路况数据				
序号	数据项名称	字段名	数据类型	说　　明
1	路线编码	F001	字符	
2	发现时间	F002	日期	
3	预计恢复通车时间	F003	日期	
4	实际恢复通车时间	F004	日期	
5	阻断起点桩号	F005	小数	
6	阻断止点桩号	F006	小数	
7	阻断方向代码	F007	字符	0-上行;1-下行;2-双向
8	阻断方向	F008	字符	
9	阻断原因代码	F009	字符	
10	阻断原因	F010	字符	
11	现场情况描述	F011	字符	
12	现场照片	F012	二进制代码	
13	阻断发生行政区划	F013	字符	
14	主要影响行政区划	F014	字符	

续上表

公路交通阻断路况数据

序号	数据项名称	字段名	数据类型	说　明
15	处置措施代码	F015	字符	
16	处置措施	F016	字符	
17	处置措施方案	F017	字符	
18	填报人姓名	F018	字符	
19	填报人联系电话	F019	字符	
20	恢复情况	F020	字符	
21	伤(人)	F021	整数	
22	亡(人)	F022	整数	
23	毁坏车辆	F023	整数	
24	滞留人员	F024	整数	
25	滞留车辆	F025	整数	
26	拥堵情况	F026	整数	
27	路产损失	F027	整数	
28	审核时间	F028	日期	
29	发布时间	F029	日期	
30	突发事件等级	F030	整数	1-Ⅰ级;2-Ⅱ级;3-Ⅲ级;4-Ⅳ级

基础设施运行状态数据

序号	数据项名称	字段名	数据类型	说　明
1	路线编号	F001	字符	
2	桥梁代码	F002	字符	
3	桥梁名称	F003	字符	
4	隧道代码	F004	字符	
5	隧道名称	F005	字符	
6	路段方向	F006	整数	0-上行;1-下行;2-双向
7	设施健康情况	F007	整数	1-好;2-中;3-差
8	写入时间	F008	日期	
9	备注	F009	字符	
10	记录状态	F010	整数	缺省时为0

路网运行状态监测指标——路段中断状态

序号	数据项名称	字段名	数据类型	说　明
1	起点位置	F001	字符	采用“路线编号 + 桩号”的形式,例如:G1 + 100.45
2	止点位置	F002	字符	采用“路线编号 + 桩号”的形式,例如:G1 + 103.45

续上表

路网运行状态监测指标——路段中断状态				
序号	数据项名称	字段名	数据类型	说　明
3	中断状态	F003	字符	可供车辆正常行驶的状态,用“1”表示;不能供车辆正常行驶的状态,用“0”表示
4	采样时间	F004	日期	
5	写入时间	F005	日期	
6	备注	F006	字符	
7	记录状态	F007	整数	缺省时为0

路网运行状态监测指标——通道中断状态				
序号	数据项名称	字段名	数据类型	说　明
1	起点位置	F001	字符	采用“路线编号＋桩号”的形式,例如:G1＋100.45
2	止点位置	F002	字符	采用“路线编号＋桩号”的形式,例如:G1＋103.45
3	中断状态	F003	字符	连通状态用“1”表示,中断状态用“0”表示
4	采样时间	F004	日期	
5	写入时间	F005	日期	
6	备注	F006	字符	
7	记录状态	F007	整数	缺省时为0

路网运行状态监测指标——路网中断率				
序号	数据项名称	字段名	数据类型	说　明
1	路网位置	F001	字符	
2	路网描述	F002	字符	对路网组成的文字性描述
3	中断率等级	F003	字符	0-高;1-中;2-低
4	采样时间	F004	日期	
5	写入时间	F005	日期	
6	备注	F006	字符	
7	记录状态	F007	整数	缺省时为0

路网运行状态监测指标——路段拥挤度				
序号	数据项名称	字段名	数据类型	说　明
1	起点位置	F001	字符	采用“路线编号＋桩号”的形式,例如:G1＋100.45
2	止点位置	F002	字符	采用“路线编号＋桩号”的形式,例如:G1＋103.45

续上表

路网运行状态监测指标——路段拥挤度				
序号	数据项名称	字段名	数据类型	说　明
3	拥挤度	F003	字符	0-畅通;1-基本畅通;2-轻度拥堵;3-中度拥堵;4-严重拥堵
4	采样时间	F004	日期	
5	写入时间	F005	日期	
6	备注	F006	字符	
7	记录状态	F007	整数	缺省时为0

路网运行状态监测指标——通道拥挤度				
序号	数据项名称	字段名	数据类型	说　明
1	起点位置	F001	字符	采用"路线编号 + 桩号"的形式,例如:G1 + 100.45
2	止点位置	F002	字符	采用"路线编号 + 桩号"的形式,例如:G1 + 103.45
3	拥挤度	F003	字符	0-畅通;1-基本畅通;2-轻度拥堵;3-中度拥堵;4-严重拥堵
4	采样时间	F004	日期	
5	写入时间	F005	日期	
6	备注	F006	字符	
7	记录状态	F007	整数	缺省时为0

路网运行状态监测指标——路网拥挤度				
序号	数据项名称	字段名	数据类型	说　明
1	路网位置	F001	字符	
2	路网描述	F002	字符	对路网组成的文字性描述
3	拥挤度	F003	字符	0-畅通;1-基本畅通;2-轻度拥堵;3-中度拥堵;4-严重拥堵
4	采样时间	F004	日期	
5	写入时间	F005	日期	
6	备注	F006	字符	
7	记录状态	F007	整数	缺省时为0

路网运行状态监测指标——路段环境指数				
序号	数据项名称	字段名	数据类型	说　明
1	起点位置	F001	字符	采用"路线编号 + 桩号"的形式,例如:G1 + 100.45
2	止点位置	F002	字符	采用"路线编号 + 桩号"的形式,例如:G1 + 103.45

续上表

路网运行状态监测指标——路段环境指数				
序号	数据项名称	字段名	数据类型	说　　明
3	交通组成特征指数	F003	字符	0-高;1-中;2-低
4	气象环境特征指数	F004	字符	0-好;1-中;2-差
5	采样时间	F005	日期	
6	写入时间	F006	日期	
7	备注	F007	字符	
8	记录状态	F008	整数	缺省时为0

路网运行状态监测指标——通道环境指数				
序号	数据项名称	字段名	数据类型	说　　明
1	起点位置	F001	字符	采用"路线编号+桩号"的形式,例如:G1+100.45
2	止点位置	F002	字符	采用"路线编号+桩号"的形式,例如:G1+103.45
3	环境指数	F003	字符	0-好;1-中;2-差
4	采样时间	F004	日期	
5	写入时间	F005	日期	
6	备注	F006	字符	
7	记录状态	F007	整数	缺省时为0

路网运行状态监测指标——路网环境指数				
序号	数据项名称	字段名	数据类型	说　　明
1	路网位置	F001	字符	
2	路网描述	F002	字符	对路网组成的文字性描述
3	环境指数	F003	字符	0-好;1-中;2-差
4	采样时间	F004	日期	
5	写入时间	F005	日期	
6	备注	F006	字符	
7	记录状态	F007	整数	缺省时为0

路网运行状态监测指标——节点通阻度				
序号	数据项名称	字段名	数据类型	说　　明
1	节点位置	F001	字符	采用"路线编号+桩号"的形式,例如:G1+100.45
2	节点位置描述	F002	字符	对节点位置的文字性描述
3	节点通阻度	F003	字符	节点通阻度根据公路节点的排队长度是否超过一定限值进行分析,超过限值为拥堵状态,用"1"表示;未超过限值为畅通状态,用"0"表示

续上表

路网运行状态监测指标——节点通阻度				
序号	数据项名称	字段名	数据类型	说　明
4	采样时间	F004	日期	
5	写入时间	F005	日期	
6	备注	F006	字符	
7	记录状态	F007	整数	缺省时为0

路网运行状态监测指标——通道通阻度				
序号	数据项名称	字段名	数据类型	说　明
1	起点位置	F001	字符	采用“路线编号＋桩号”的形式，例如：G1＋100.45
2	止点位置	F002	字符	采用“路线编号＋桩号”的形式，例如：G1＋103.45
3	通道节点通阻度等级	F003	字符	0-高；1-中；2-低
4	采样时间	F004	日期	
5	写入时间	F005	日期	
6	备注	F006	字符	
7	记录状态	F007	整数	缺省时为0

路网运行状态监测指标——路网节点通阻度				
序号	数据项名称	字段名	数据类型	说　明
1	路网位置	F001	字符	
2	路网描述	F002	字符	对路网组成的文字性描述
3	路网节点通阻度等级	F003	字符	0-高；1-中；2-低
4	采样时间	F004	日期	
5	写入时间	F005	日期	
6	备注	F006	字符	
7	记录状态	F007	整数	缺省时为0

路网运行状态监测指标——通道运行状态				
序号	数据项名称	字段名	数据类型	说　明
1	起点位置	F001	字符	采用“路线编号＋桩号”的形式，例如：G1＋100.45
2	止点位置	F002	字符	采用“路线编号＋桩号”的形式，例如：G1＋103.45
3	通道运行状态	F003	字符	0-优；1-良；2-中；3-次；4-差
4	采样时间	F004	日期	
5	写入时间	F005	日期	
6	备注	F006	字符	
7	记录状态	F007	整数	缺省时为0

续上表

路网运行状态监测指标——路网综合运行指数				
序号	数据项名称	字段名	数据类型	说　　明
1	路网位置	F001	字符	
2	路网描述	F002	字符	对路网组成的文字性描述
3	路网综合运行指数	F003	字符	1-Ⅰ级;2-Ⅱ级;3-Ⅲ级;4-Ⅳ级;5-Ⅴ级
4	采样时间	F004	日期	
5	写入时间	F005	日期	
6	备注	F006	字符	

应急车辆实时状态				
序号	数据项名称	字段名	数据类型	说　　明
1	应急车辆编号	F001	字符	
2	应急车辆经度	F002	小数	
3	应急车辆纬度	F003	小数	
4	发送时间(必填)	F004	日期	
5	接收时间	F005	日期	
6	车速(必填)	F006	小数	
7	附加属性字段	F007	字符	
8	应急车辆牌照(必填)	F013	字符	

附录 G　信息系统安全密码设备技术要求

G.1　功能要求

信息系统安全密钥设备主要通过证书认证技术、对称密码技术保障部、省两级路网平台和国家级重要监测点之间信息交互的真实性、抗抵赖性，为公路网运行监测与服务系统的正常运行提供有效的安全保障。

G.2　密码设备及技术参数

密码设备应采用经国家密码局审批的商用密码设备。密码算法要求：

1　非对称密码算法支持 RSA 算法；

2　摘要算法支持 MD5、MD2、SHA1 算法；

3　对称密码算法支持 DES、3DES 算法。

证书功能要求：

1　密码设备的证书管理应支持 PKCS#10 的申请模式；

2　支持对数据、文件制作数字签名，签名结构符合 PKCS#7 标准，支持验证符合 PKCS#7 标准的签名结果；

3　支持 CRL 的证书校验模式，支持 OCSP 的证书校验模式；

4　加密产品需要支持多信任 CA 签发的根证书，可验证不同 CA 机构签发的符合 PKCS#7 标准的签名、信封结果。

应用接口要求：

1　密码设备以应用编程接口（API）提供身份认证、随机数发生、数据加解密、数字签名和验证签名、信息摘要等多种密码服务；

2　密码设备应支持 Windows、UNIX、Solaris、Linux 等主流操作系统，并可根据用户要求定制驱动程序。

设备管理要求：

1　密码设备需具有完备的密钥管理体制；

2　密码设备应提供关键数据安全存储功能；

3　密码设备应支持双机热备和负载均衡的工作模式；

4　产品应提供基于 Web 的管理方式，方便管理员维护系统。

性能要求：

1　部、省级路网平台密码设备：

1）RSA 签名速度：不低于 1 000 次/s（2kB 原文）；

2）RSA 验证速度：不低于 2 000 次/s（2kB 原文）；

3）数据加解密速率：不低于 50Mbit/s。

2　国家级路网监测点密码设备：

1）RSA 签名速度：不低于 100 次/s（2kB 原文）；

2）数据加解密速率：不低于 5Mbit/s。

附加说明

《公路网运行监测与服务暂行技术要求》编写组

主编单位：交通运输部公路科学研究院

编写人员：王笑京　李爱民　董雷宏　王　琰　盛　刚　孙　丹　李宏海　李　琳
王　珣　沈湘萍　蒋海峰　龚　民　李　丁　江运志　李长城　施　强
周　洲　苏　鹏　蔡　蕾　于加晴　宋向辉　庄晓实　陈　波　卢仁兴
朱建军　续　宏　刘　伟